55歳から
やりたいことを全部やる!
時間術

臼井由妃

日経ビジネス人文庫

はじめに◎「捨てる、始める、大事にする」でやりたいことを全部やる！

この本は、「人生後半をスッキリ生きるため」に何に・どう時間を使えばいいかを実践的にお伝えするものです。

タイトルに「55歳から」とありますが、40代の方にはこれからの準備として、60代、70代、それ以降の方にはできていること、やり残していることのチェック、新たな行動指針として活用いただける本です。

55歳といえば、いわゆる「定年退職」まであと5年、雇用継続を考えても残り10年という時期です。

そろそろ人生後半の「戦略」や「人生設計」を明確にしないとまずいのはわかっているが、何をすればいいのか具体的に浮かばず、やり過ごしている。

そんな方が多いかもしれませんね。実は、かつての私もそうでした。

33歳で病身の夫から会社経営を託されてからは、生産性や効率の高め方を徹底的に追求しました。辿り着いたのが「やるべき仕事は月・火・水で片づける」という時間活用術。ゴールを設定し、やらなければいけない目先の仕事は週の前半で片づけ、木曜日は進捗状況や問題点を検証。金曜日は「攻撃の日」。翌週の仕事（次のゴール）に備えて、資料の作成やアポイントをとるなど攻めの仕事に徹するというものです。

実践して以降、会社は成長を続け、私は経営者として成果をあげることができました。テレビや雑誌などメディアで取り上げていただくことが増え、講演依頼も届くようになりました。

そして、『1週間は金曜日から始めなさい』（かんき出版）というタイトルで時間術の書籍を刊行することにもなります。この本は後に『やりたいことを全部やる！時間術』（日経ビジネス人文庫）として文庫化され、おかげさまで10万部を超えるベストセラーとなりました。

このように、生産性や効率、コスト・パフォーマンス（コスパ）やタイム・パフォーマンス（タイパ）を第一に考えて走ってきた私ですが、55歳を迎える頃にある疑問にとらわれたのです。

「これまで通りに、これまでと同じペースで時間と向き合っていいのだろうか？」

自由に動き回ることのできる時間は、限られている。
コスパ・タイパを最優先していては、近々、心も体も悲鳴をあげてしまうだろう。
そこまでは考えられるのですが、いざ具体的に何をすればいいかがわかりません。
悩んだ末に、これまでとは逆の発想で考えてみることにしました。

人生の後半には後半の時間術がある。そのカギは「効率」よりも「時間の質」。
どんな質の時間を過ごすか、自分が決めていくしかない。
まず必要なことは「人生のゴール」と「目標」から逆算した時間設計だ。

これまでの私は、「ゴール（目標）」に向かっていかに効率的に突き進むかの戦略を練っていました。それなら、人生後半は「ゴール（最期）」から逆算して考えてみよう。

私は「人生のゴールを１００歳」と決め、「最期のときまで仕事をする」「自立し社会に貢献しながらやりたいことを全部やる」という目標を掲げ、そのために「捨てるもの」「始めるもの」「大事にするもの」を定めました。たとえば、次のようなものです。

仕事時間は60歳で5時間、70歳で3時間にする。
土日祝日は完全プライベート。
真の「友だち」は３人いればいい。
何よりも「自分時間」を大事にする。

詳しいことは本文でお伝えしますが、「仕事時間は60歳で5時間、70歳で3時間にする」に関していえば、「最期のときまで仕事をする」ことは大事な目標。だからといって休みなく働くことが「自分らしい」生き方ではありません。

図 はじめに-1 「これまで」の時間術と「人生後半」の時間術

これまで	→	人生後半
「効率」重視		「質」重視
「ゴール」を目指す		「ゴール」から考える
詰め込む		余白をつくる
「いつか」やる		「今」やる
「仕事」が中心		「自分」が中心

「自立し社会に貢献しながらやりたいことを全部やる」ためには、ムダを捨てその分時間密度を高めた仕事をして、学びや趣味、心身の健康維持にも時間を使おうと考えたのです。

たとえば**「探し物をする」というムダな時間**。これは極端な話、収納場所をゼロにすれば、ものを入れることはできませんから、劇的に減らすことができます。

現実には55歳は必要書類も多く、収納ゼロは難しいかもしれません。

ただ気がついたら10年、20年前の書類を保存しているとか、引き出しの奥に不要なファイルが眠っているかもしれません。理想として収納ゼロを目指すことをおすすめします。

私は引き出しのない小さめのデスクで仕事をしていますから、資料や書類をしまう発想にはならず、「いつか使うかもしれない」資料や書類は廃棄、「必ず使う」ものは深さ3センチほどのＡ４サイズの箱に収めて、１カ月を目処に見直し処分しています。

もうひとつ、**気の進まない「人づき合い」に費やす時間もムダに感じる方が多いでしょう**。これは「飲み会をランチ会に変更」することで短縮。そもそもつき合いをやめたい人は「整理ノート」に書いて見える化、フェイドアウトをはかります。

１００歳まで45年。これまで過ごした55年より少ない年月なのだから、**ここできっちり棚卸しをして「捨てる、始める、大事にする」を明確にしなければ、人生後半の質は高まらない**。悔いを残す生き方になる。

ここで時間術を見直さなければ、やりたいことと人生の残された時間（在庫時間）との兼ね合いに悩み、「自分の居場所」を見失い、いつか虚しさに襲われることになりかねない。そう自覚したのです。

人生のゴール＝死を思うのは、残りの時間について真剣に向き合う機会。

人生を逆算した時間設計は、１００％自分らしく生きるポジティブな行動です。

「勤め人人生」には必ず終わりが来ます。

「終わり」という言葉に、ネガティブな印象を持つ方がいるかもしれませんが、逆です。**「自分が主役の人生」を歩む時期がやってきたのです。**

その好例が55歳で通訳学校の門を叩いて本格的に英語の勉強を始め、定年後はプロ通訳者として活躍する田代真一郎さんでしょう。

田代さんの著書『定年英語』（ディスカヴァー・トゥエンティワン）には「55歳のときのこの決断が、今に続く大きなきっかけになった」の一節があります。

「これからの時間」に真剣に向き合う絶好機は50代、もっといえば「55歳」です。

本書では55歳からバッサリ捨てるものと始めるもの、時間を割いて大事にするものを、人間関係や学び直し、仕事、家族関係などに分けて説明していきます。また、心身共に健やかな時間を過ごすために私が実践している「心と体の整え方」もコラムでお伝えします。実践していただければ、心身共にエネルギーを維持しながら、楽しくスッキリと人生を謳歌《おうか》できるはずです。

やりたいことを全部やる！
やりたいことが全部できる！

人生は55歳からより楽しいものになります。
さあ、これからが本番です。

２０２３年５月

臼井由妃

55歳から やりたいことを全部やる！時間術　目次

第2章

時間を無駄にしない！心がラクになる人間関係

第3章

時間を上手に使う人がやっている学び直し

第4章

時は有限！10年後を見据えた仕事術

第5章

自分時間を大切に！
家族関係のリスクマネジメント術

校正◎内田翔

第1章

55歳から！人生が楽しくなる時間術

1 「時間の質」を高めて、「自分時間」を増やす

そろそろ人生後半の「戦略」や「人生設計」を明確にしないとまずい。
そう頭ではわかっているものの、具体的に何をすればいいのかがわからない。
時に不安がよぎるが、「まあ、なんとかなるさ」とスルーしている。
そんな方がいらっしゃるのではありませんか。

かつての私もそうでした。

何歳になっても、仕事がある（できる）ことは「社会から必要とされている証」であり、忙しさは「達成感」や「充実感」につながる。

私にとっては、仕事がポジティブに生きる原動力になっていましたが、「体力も気力も20代、30代に負けない」「行動力が衰えることは絶対にない」と過大評価。

振り返れば、現実から目を背けていたのです。

そして50歳を過ぎ、悔しいけれど「効率最優先」で仕事をするのは、心身共に無理がある。年下の世代と同じ土俵で勝負しても勝ち目が少ないと考えるようになりました。

それに人間関係や日々の暮らしに、「生産性」や「効率」は必ずしもそぐわないことにも気づいたのです。

人生後半に大切なのは、生産性や効率よりも「１００％自分らしく生きる」こと。

そこで、**「時間の質」を高める**ことに着目しました。

「時間の質」を高めるとは、

- **「やめるべきこと」を明確にして、余計な物事や人間関係に時間と労力を費やさない**
- **本当に必要なことは何かを見極め、心躍ることに時間を使う**
- **人生のゴール（最期）から逆算して、今やるべきことを最優先に行動する**

ことを意味しています。

これまでの私は、「ゴール（目標）」に向かっていかに効率的に突き進むかの戦略を練っていましたが、**人生後半は「ゴール（最期）」から時間を逆算して考えることに**したのです。

そうすることで、「本当は○○がやりたかった」という本心と、「これは自分の人生にプラスにならない。即やめるべき」という現実に気づくはずです。

スケジュールやアポイントなど自分で握れる時間の手綱（主導権）は渡さない。

これは私が一貫してお伝えしていることで、これまで通り変わりません。

ただし、**そのスケジュールやアポイントがそもそも本当に必要かどうか棚卸しする**ことがこれからは必要になります。

ちなみに、「時間の手綱を握る」とは、たとえば次のようなことです。

電話で商談の日程調整をしているとしましょう。

「お話はわかりました。では、いつ実際にお目にかかりますか」

相手がこう尋ねてきたときに、

「来週ならいつでも大丈夫です」
と返事をすれば、時間の手綱を相手に渡すことになります。
「では、来週の水曜日の15時から、あるいは木曜日の11時からいかがですか」
このように返事をすれば、自分が時間の手綱を握ることになります。自分でコントロールできる時間を増やすことが、「やりたいことを全部やる！」時間術の第一歩です。

この時間の手綱を握ることにプラスして、今後は当たり前に続けてきた仕事やルーティン、人づき合いをまずは疑ってみましょう。

不要と気づいたものをやめれば、その分ムダな時間がなくなり、「自分時間」が増えます。

私は55歳を機に仕事や人間関係、モノとのつき合い方などで「やめるべきこと」をリスト化しました。

その中でも「絶対にやめるべき10のこと」を定め実践したら、**1日3時間以上も自**

由な時間が生まれました。

そうやって効率最優先から「時間の質を重視」するようになり、結果、65歳の今は「仕事は1日5時間」「土日祝日は仕事をしない」を実現しています。

そして自分で決めた「100歳まで書き続ける。最終目標はギネス登録最高齢の著作家！」という「理想のゴール」に向かって歩んでいます。

人生のゴールを考えるというとネガティブに感じる方がいらっしゃるかもしれませんが、きわめてポジティブで前向きな行為。「新たな人生が始まる」「新たな自分になる」という高揚感がわいてきます。

「質」にフォーカスした時間術を実践すると、余裕が生まれ自分にとって本当に必要なものややりたかったことが明確になります。

「理想のゴール」に向かって無理なく「自分が主役の人生」を全うできるのです。

▼「質の高い時間」が、自分が主役の人生を全うする要になる

2
「仕事時間は60歳で5時間、70歳で3時間」実現に向けて準備する

この年代になると、これまでの「働き方」が体に染みついているでしょう。ずっと同じスタンスでいれば、任される仕事が減ってきたときに正直戸惑います。

役職定年したことで会議やメールの数、決裁を求められる案件が少なくなった。「ちょっといいですか」という部下からの相談も減った。そうした状況に一抹の寂しさを覚えるかもしれません。

そんなときは、「少しずつ責任から解放された」「**時間の主導権のほとんどを自分が握れるようになった**」とポジティブに捉えたらいかがでしょうか。

すると、何歳になってもどんな立場になっても仕事は楽しくなります。

さらにその時間を充実させるために、実労働時間が8時間だとしても、60歳（60代）ならば「目の前の仕事に全力を尽くすのは5時間」。70歳（70代）ならば「3時間」

と自分の中で決め、これまでの経験を今後どう役立てるか、これまで仕事を理由にやりたくても我慢してきたことはないかなど、将来を見据えることに時間を費やすようにするといいでしょう。「今」はその大事な準備期間、助走の時期なのです。

60代でも70代になっても若手と同様の仕事をこなせる人もいるでしょう。

それでも「仕事時間は60歳で5時間、70歳で3時間」と決めることで、人生は仕事だけではないことがわかり、「これから○○を始めよう！」「やりたいことをやり尽くそう」と、自分時間を楽しむことの大切さが、理解できるものです。

加えて私は「60歳からは土日祝日は仕事をしない」と定めました。

それは「忙しさを楽しんでいた」自分から、「余裕を楽しむ」自分に切り替えようと考えたからです。

私は休みなく働くことが当たり前で、「趣味は仕事」と公言していましたが、格好をつけていたのです。本音は、きちんと休みをとり映画や演劇を鑑賞する、仕事抜きの旅行をする、身体のメンテナンスやエステで、自分を癒やすこともしたかった。
それらを無理に我慢していたとはいいませんが、**「一番の喜びは『仕事をすること』」と自分で自分を納得**させていました。土日はもとより正月休みやゴールデンウイークも仕事で埋め尽くす。「たくさん仕事をすれば収入が増える」「頼れる者は自分だけ」という発想がそうさせていたのです。

しかし、この状況は尋常ではありません。

このままのスタンスでいると、心身だけでなく、仕事の質にも悪影響を及ぼす可能性がある。そう考えて、「土日祝日は仕事をしない」と決めました。

仕事の進捗状況によってはもちろん例外もありますが、その場合は平日に休みを振り替えています。そうやって余裕を楽しむ自分に切り替えたおかげですね。65歳になりましたが、40代のときよりも明らかに健康になりました。

疲れやストレスを感じることが減り、頭の回転も速くなった気すらします。

また「余裕を楽しむ」についていえば、人間関係でも、

・発言や行動を起こす前には「ひと呼吸」置く
・話すスピードやメール、LINEの返信は相手のペースに合わせる
・「要はこういうことですね」などと、相手の話の腰を折らない
・電話は、相手のライフスタイルを考慮して、落ち着いて話ができる時間を選ぶ
・家庭のことは質問しない

など相手との間に「間《ま》」を置くことも心がけるようになりました。一つひとつは日常の小さな事柄ですが、これも大事な時間管理です。

その結果、「余裕があってうらやましい」「いつも溌剌《はつらつ》としている」といわれるようにもなりました。

これまで「平日は毎日8～10時間」「土日も持ち帰り仕事」をしていた人が「仕事時間は60歳で5時間、70歳で3時間」を実現するためには、これからは「任される立場」ではなく「任せる立場」だと理解することが第一です。

そして、「勤め人人生」には必ず終わりがある。今後は「自分が主役の人生」を歩む、

と決めましょう。仕事を抱え込まず部下や後輩に委譲する、一部を託す、チームで仕事を共有することもおすすめします。

なお「仕事時間は60歳で5時間、70歳で3時間」に通勤時間は含みません。30代、40代では通勤時間や移動時間には、次の商談のシミュレーションや書籍・ネットからの情報収集をしていたと思いますが、これからは10年後の自分を見据えて「資格取得」の勉強や、興味や関心があることを調べるなど、自分のための時間にあてましょう。通勤時間は大切な「自分時間」のひとつです。

リモートワークの方は通勤時間ゼロを大いに活用できますね。

たとえば通勤に往復2時間かかるのならば、その時間を、「勉強」(資格取得・読書・興味のある分野の動画サイト視聴・専門誌購読など)、「独立・起業・開業」を視野に入れている方は、準備のための時間にあてるのもいいでしょう。

▼時間の主導権のほとんどを自分が握れるチャンスがやってきた

3

メール、会議、探しもの。毎日30分「ムダ」を排除する

「これまで」は「コスパ」や「タイパ」を重視して、ムダの排除に努めてきたと思います。「これから」は、将来を見据えて自分にとって本当に必要かどうかの見極めが大事です。**仕事でも人間関係でも「中身重視」でムダを排除。**ビジネスシーンでの具体的な例を挙げて説明します。

メール

頻繁なメールチェックは仕事時間の密度を下げます。

メールチェックは「始業時と午後イチ、終業30分前にまとめて」の1日3回を原則に（もちろん緊急かつ必要性の高いメールは即対応）。不要なメールはその場で削除します。

返事の定型はスペシャル版（お得意様や目上の方向け）とスタンダード版（社内の連絡やよくやり取りする方向け）の２種類を準備すれば、返信時間を削減できます。その代わり、**相手に合わせ気の利いた「P．S．」（追伸）を一文添える**ことで、自分らしさを演出。こちらも数パターン用意しておくといいでしょう。

ビジネスパーソンの１日平均のメール受信数は「66・８７通」で、メールを１通読むのにかかる平均時間は１分24秒。１日平均のメール送信数は「16・２７通」で、メールを１通書くのにかかる時間は平均６分５秒（一般社団法人日本ビジネスメール協会「ビジネスメール実態調査２０２２」）。

１通書くのに６分かかっていたメールを定型化することで２分に短縮できれば、**「16通×4分（6分－2分）」で64分（約1時間）の余裕時間**が生まれます。

ちなみに私は**「CC付きでメール」はしない、「自分がCC設定で送られてきたメール」は見ない**と決めています。「ＣＣ設定」された場合、重要度は低いと判断するからです。ここで排除できる時間もバカになりません。

たくさんのメールで送受信ボックスが埋め尽くされた状態はストレスになります

時間密度を上げる「メール定型文」の例②

スペシャル版（お得意様や目上の方向け）
「イベントの招待を断るメール」

※なおメールの件名には「〇〇ご招待の件につきまして」と記します。
ここで「不参加」の旨は表現しません。冷たい印象を与える可能性もあるからです。

いつも大変お世話になっております。
〇〇株式会社〇〇部の臼井由妃です。

この度は〇〇記念パーティへのご招待をいただき、
ありがとうございます。
せっかくのご招待ではございますが、
所用があり、今回はおうかがいすることができません。
残念ではございますが、またの機会がございましたら
お声掛けいただけるようお待ち申し上げております。

ご盛会を祈念しております。
以上、取り急ぎメールにてご連絡致します。

シーンによって
「定型文」を
“コピペ”する

スタンダード版（主に社内向け）
「同期仲間の飲み会を断るメール」

お疲れさまです。臼井です。
お声をかけていただき、ありがとうございます。

せっかくのお誘いですが、どうしても外せない先約があり、
残念ですが、今回は欠席させていただきます。
また次の機会によろしくお願い致します。

皆さんで楽しんできてくださいね。

図1-1　時間密度を上げる「メール定型文」の例①

スペシャル版（お得意様や目上の方向け）
「面談後に送る確認メール」

お世話になっております。
○○株式会社○○部の臼井由妃です。
本日はお忙しい中お時間をいただき、ありがとうございました。

○○様からご質問いただいた件につきましては確認の上、
△月△日（△曜日）までに回答させていただきます。
貴社のお役に立てるように努めますので、
ご意見やご要望などございましたら、何なりとお申し付けください。
引き続きよろしくお願い致します。

「定型文」の使用で
メールを書く
ムダな時間を短縮

スタンダード版（主に社内向け）
「打ち合わせ後に上司に送る確認メール」

お疲れさまです。臼井です。
本日はお打ち合わせの時間をつくっていただき、
ありがとうございました。

○○専務からアドバイスをいただいた件につきましては、
△月△日（△曜日）までに、企画書にまとめ提出いたします。
貴重なご意見、誠にありがとうございました。

この案件を成功させ、結果で恩返しできるように精進致します。
引き続きご指導のほど、よろしくお願い申し上げます。

し、必要なメールを「探す」というムダな時間にもつながります。「送受信アイテム」は1週間を目安に整理。終業時は「ゴミ箱」を空にします。

「ビジネスメール実態調査２０２１」によると、ビジネスパーソンの1日のメール処理時間は平均2時間30分ですが、もっと多い方もいるでしょう。ここでムダを排除することで時間密度が上がり、大きな余裕の時間が生まれます。

チャット

ビジネスでのチャット使用が増えています。

チャットでは「お世話になります」「お疲れさまです」「返信ありがとうございます」という冒頭の挨拶は不要です。社内であれば「いいね！」や「ＯＫ！」などで済ませても失礼になることはありません。むしろ短文にすることで、書く時間と読む時間が短縮され、自分も相手も時間密度が上がります。

また、簡単に送受信できるチャットはある意味「時間泥棒」。土日祝日の連絡は原則、見ない。見ても、緊急時を除いて返事は休み明けにするなどルールを決めないと、時

図1-2　時間密度を上げる「P. S.」(追伸)の例

取引先や目上の相手に

・念願だった○○様との仕事に燃えています！

・「プロジェクト成功の夢」を見ました。

・○○様は私の憧れの存在です。

仕事仲間や知り合いに

・教えていただいた書籍『△△』を早速読みました。実践しております。

・○○さんがお好きな△△の名店を見つけました。今度ご案内させてください。

・○○さんと仕事ができる喜びは格別です。張り切ってます！

頻繁にメールでやり取りする相手に

・ダイエットに成功！　○○さんの驚く顔が楽しみです。

・○○さんのおかげで△△が克服できました！

・もうすぐ○○さんのお誕生日ですね。

「P. S.」で自分らしさを演出。
メール時間の短縮＆短時間で相手の印象に残る効果が！

間の主導権を相手に渡すことになります。

打ち合わせや会議

オンラインでの「招集」が容易になった分、会議が増えたという声をよく聞きます。テーマが明確でない打ち合わせはしない、必要な会議は必ず終了時間を決めて行うなどと提案することをおすすめします。定例会議という名の「雑談」も見直し必須です。

無用な打ち合わせやダラダラした会議を見直すと、1日当たり30分~1時間はムダな時間がなくなります。

会食や飲み会

会社の人との会食や飲み会は、「健康」「ダイエット」「勉強」を名目に、極力参加しない方針にしましょう。つき合いが悪いといわれたら、「ランチ会」や「朝食会」を提案するのも策です。お酒は入らず短時間で終了することができます。

会食や飲み会を極力なくすと、1日当たり1時間半～2時間はムダな時間がなくなります。

私の場合、50歳の頃に年間で１６０回程度の会食がありました。そのうちどうしても参加が必要だった会合は10回。**今から思えば１５０回はムダな会食**でした。1回の会食に3時間費やしたとしてトータル４５０時間。年間の労働時間を２３３日（週休2日制で祝日、お盆、正月休み等も考慮）とすると、**「４５０時間÷２３３日≒１・９時間」。会食がなければ1日当たり約2時間、ムダな時間がなくなる**のです。

習慣化した残業

習慣化した残業もムダのひとつです。終業時間を迎えたら率先して帰社する姿勢を示しましょう。仕事の持ち帰りもしません。これまでに紹介した方法でメールや会議に費やす時間を削減できれば、勤務時間内で仕事をらくらく終えられるはずです。

まずはパソコンをオフ。デスク周りをキレイにして席を立ちます。**それが当たり前というぐらい自然体で行うのがコツ**です。「ノー残業デー」と声高に宣言しなくても、大丈夫です。少なくとも1日1時間は削れます。

「探しもの」の時間

人生の「在庫時間」が限られた中、何かを探している時間はムダの最たるものです。

ベストセラー『気がつくと机がぐちゃぐちゃになっているあなたへ』（リズ・ダペンポート／草思社）によると、**「平均的なビジネスマンは探しものをするためだけに１年間に１５０時間も浪費している」**そうです。20年以上も前の書籍ですから、仕事も情報もより複雑化した現代のビジネスパーソンは、もっと多くの時間を「探しもの」に費やしているに違いありません。

存在すら忘れている書類を保存している、引き出しに不要なファイルが眠っているという可能性は高いですよね。

理想として収納ゼロを目指しましょう。

リモートワークの場合は、あえて引き出しのない「小さめなデスク」を持つのもおすすめです。「小さめなデスク」にすれば、パソコンとマウス、ペン立てぐらいしか置けませんから、仕事に即使うもの以外は持ち込まなくなります。

そうはいっても紙の資料をゼロにするのが難しいのも事実。

私は紙の資料は目を通したら、**「いつか使うかもしれない」ものはゴミ箱**へ入れます。「必ず使う」ものは時系列順に深さ3センチほどのA4サイズの箱にストック、1カ月経って必要性を感じないものはゴミ箱へ。

パソコンに残しているデータは、1週間を目安に削除するか残すか決め、クリーニングしています。

こうやってデスク環境を整えパソコンのデータを整理すると、探しものの時間がほぼゼロになります。これまで整理に着手してこなかった方ならば、1日当たり1時間以上ムダな時間がなくなるでしょう。

デスク周りが片づき、清々しい気持ちで「質の高い仕事」ができますよ。

▼コスパやタイパよりも「タイム・バリュー」を考える

4 「やめるべきことリスト」で必要なものが見えてくる

前項ではビジネスシーンでありがちな「ムダ」な時間をピックアップし、解消術をお伝えしました。これで時間密度がかなりアップしたはずです。

次にやっていただきたいのが、「自分自身」を中心に考えた「やめるべきことリスト」**の作成**です。

私がこのリスト作成を考えたのは、ストレスで心身がボロボロだった40代後半。「忙しいことはできる人間の象徴」だと考え、依頼があった仕事はすべて受け、人づき合いを断ることもしませんでした。

時間に追われ仕事に追われた結果、急病になり「仕事に穴をあけそうになった」のをきっかけに「やめるべきこと」をリスト化したのです。

「仕事時間は60歳で5時間、70歳で3時間」という目標を持って作成したわけではありませんが、結果的に、人生後半に密度濃く仕事をするために大変役立つリストとなりました。

当時の私のようにストレスを抱えて、時間や心身を圧迫されている方も多いでしょう。そうならないために、今ここで、ぜひご自身の生活を見つめてみてください。

「やめるべきこと」をリスト化するのです。その際、

・「エースで4番」だった時代に固執しない　↓　過去の栄光はすっぱり忘れる
・何でもひとりでやろうとしない　↓　誰かの力を借りてラクすることを考える
・イヤなことはしない　↓　好きなことをやるほうが、いい結果が生まれる

などを考慮することがコツです。

「やめること」は小さなことから大きなことまで何でもOK。たとえば、

・ルーティン化している会議や仕事の進め方、連絡法、書類づくり
・前任者から引き継いで当たり前のように継続している会合への参加
・惰性で続けているSNSへの「いいね！」
・スマホに登録したままになっている、もう使わない電話番号、メールアドレス
・パソコンの「お気に入り」に入っているURL
・入会したことすら忘れているようなサブスクリプション・サービス
・開封せず即「ゴミ箱」に入れているメルマガ
・健康を意識して摂り始めたけれど、効果を実感できないサプリメント
・何があっても1日3食という習慣へのこだわり
・今の自分には合わない運動習慣
・「もう○歳だから」「定年まであと○年」という無意識の口グセ
・年賀状

と、とにかく具体的に細かく挙げていくといいでしょう。

いいと思って習慣化していることも、本当に必要なのか？

これからも続けていいのか？

まずは疑ってみることをおすすめします。

若いときと同じペースで仕事をこなせるはずはないですし、仕事で構築した人間関係がそのまま続くこともありませんよね。

これまで必要としていたものが、これからは不要になることも多いのです。

ここでリスト化されたものに費やしている時間が、今のあなたにとっての「ムダな時間」となります。

▼今の自分に不要なものがあぶり出される

5

「絶対にやめるべき10のこと」は1日2回声に出して確認する

「やめるべきことリスト」の続きです。「やめるべきこと」を書き出したら次に、「絶対にやめるべき10のこと」を選択します。

私はパソコンにリストを保存。朝、仕事を始める前と、夜、仕事を終えるときに声にして自分の考え方や行動にぶれがないか、確認しています。次のものです。

「臼井由妃が絶対にやめるべき10のこと」

1　自分が決めた毎日のルーティンに縛られる
2　仕事をひとりで解決しようとする
3　体調が悪いときに無理に元気を出そうとする
4　SNSの更新に義務感を覚える

5　流行に左右される
6　情報ツウになろうとする
7　若さに憧れる
8　キャパを超えた仕事を受ける
9　自分の力ではどうにもならないことに悩む
10　食事や会合の誘いは断らない

リスト化してわかったのは、私は多くの強迫観念にとらわれていたということ。仕事をひとりで解決しようとするのは、自分の力を過大評価する生意気な思い込みでした。元気がないときに、無理に明るく振る舞っても、自分も相手も疲れるだけです。

「やめるべきことリスト」の作成で、無理をして続けていたことをやめることができ、結果、時間と心に余裕が生まれました。

かつての私の時間術は、あれもこれもの「足し算思考」の「タイム・パフォーマンス」重視でした。たとえば、地方の講演を依頼されたら、往復の新幹線での移動時間を原稿執筆にあてるだけでは飽きたらず、出張先の友人や講演会主催者、そのお知り合いとできる限り多くの人と会い、地域の情報を仕入れて将来のコンサルティングに役立て、同時に東京では拾えないSNSで発信するネタを集めて帰ってきたものです。それが自分を成長させてくれたのは事実です。でも50代以降は、「やめるべきこと」を明確にして、余計な物事に時間や労力を費やさないのが重要。

講演会の話でいえば、**今の私は、本当に会うべき人は誰か、必要な情報は何かを見極めて行動しています。**それが無理なく人生後半の時間を楽しむコツです。

限りある時間を楽しく全うするためには「こんなことに関わっている暇はない」の発想が大事になります。

「仕事時間は60歳で5時間、70歳で3時間にする」

「土日祝日は完全プライベートタイム。仕事はしない」

具体的指針が、人生後半の時間を濃密で豊かなものにします。

▼「こんなことに関わっている暇はない」の発想が大事

6

「どうしたらラクができるか」を追求する

本章の冒頭で、「時間の質を高める」とは、次の3つであると述べました。

・「やめるべきこと」を明確にして、余計な物事や人間関係に時間と労力を費やさない
・本当に必要なことは何かを見極め、心躍ることに時間を使う
・人生のゴール（最期）から逆算して、今やるべきことを最優先に行動する

この項では、「本当に必要なことは何かを見極め、心躍ることに時間を使う」について具体的に説明しましょう。

そのために、まずやっていただきたいことがあります。

1日の自分のスケジュールを書き出し、「必要でないこと」にどれだけ時間を費やしているかを確認することです。

ビジネスパーソンである以上、「必要でない」と自分では思っていても、やらなければいけないことがあるのは承知しています。しかし20代、30代と違い「誰かに任せること」も少しは増えているのではありませんか。

任せられることは任せて、そこで生まれた時間を「本当に必要なこと」に振り分けていくことを考えればいいのです。

それは「どうしたらラクができるか?」を追求するということです。

10年以上前になりますが、『仕事の8割は人に任せなさい!』(青春新書プレイブックス)という本を上梓しました。

タイトル通り、「仕事の8割」は誰かに任せることができる、自分でやるべき仕事は2割、という論旨です。この考えは今も変わっていません。

まずは1日の仕事のスケジュールを書き出しましょう。始業から終業まで「何」をしているのかを事細かに見える化します。

あなたが販売促進部の管理職であるとしましょう。

来期の販売促進案作成、取引先へのお礼状を出す、出張時のホテルとチケットの手配、会議で必要な資料の準備、役員への定例報告、部下の経費精算書類に押印……。

そのうちあなたでなければできない仕事は、役員への報告、押印ぐらいではないでしょうか。これ以外を誰かに任せることを考えるのです。

その際、次の①→④のように「任せやすい順」で見ていくといいでしょう。

①**簡単な事務処理的なこと**（出張時のホテルやチケット手配、相手先へのアポイント確認、持参する資料やサンプル等の準備など）→基本、これらは任せてＯＫ

②**定型文やリストがあればできること**（お礼状、案内状、挨拶状等の作成、手土産の手配など）→手紙やはがきの類は定型を決めれば、誰でも書くことができる

③**部下・後輩の成長につながる資料の作成**（会議やプレゼン資料、企画書作成など）
→得意な人が行ったほうがスムーズで、部下・後輩の能力を高めることにもなる

④**チームでやったほうがさまざまなアイデアが出るもの**（販売促進戦略や企画など）
→責任者ひとりで起案するよりもメンバーが意見を出し合ったほうが、ユニークな

ものが生まれる可能性がある

なお、③でいえば、会合や仕事関係のプレゼンなどは、部下・後輩にサンプルを示して内容を考えてもらうのもいいでしょう。話すのはあなたでも、**部下・後輩にはその立場になったときのための、疑似体験になります。**

流通業で働く知人は、取引先への手土産や差し入れのお菓子などのセレクトは、若手社員に一任しているといいます。自分のセンスでは到底考えつかない話題のスイーツや季節限定品など、流行も考慮したセレクトは「ホスピタリティ・マインドが素晴らしい」と取引先で評判になっているそうです。

他にも、社内報の編集を部下に頼んだところ、「紙媒体ではなく電子版にすれば、手間も経費も節減できるのではありませんか」と提案があり、今はその社員が編集長になって電子版を作成しているという話を知人から耳にしました。

仕事を抱え込まず、誰でもできるがそれを経験することで成長が期待できる仕事は部下や後輩、アシスタントに任せる。

他の人が行うほうが成果が上がるのに、「意地」で渡したくなかった仕事は、適任者に任せる。その際は「あなただから任せるのです」と相手を尊重した言葉を添え、丸投げにしない。アドバイスを求められたら答えるが、自分から口は出さず見守るスタンスでいるのが他者に任せるコツです。

ちなみに、先の『仕事の8割は人に任せなさい！』では、任せる極意として「イチ・ニッ・サン」の法則を紹介しています。

イチ……「いちいち」文句をいわない

ニッ……任せるとき、相手の質問を受けるときは「ニッコリ」笑顔で受け答えする

サン……途中イライラしても、思う結果が得られなくても「サンキュー」と感謝

私は50歳に入った頃から、執筆と講演という心躍る「2割の仕事」に集中するため

に会社の経営は徐々に有能な社員に譲り、マネジメントは専門の事務所にお願いするスタイルに変えました。

「執筆と講演」は生涯続けたい心躍ることですから、仕事が決まるとガッツポーズしてハートマークや蛍光ペン、シールも使ってスケジュール帳に記しています。

なお、「心躍る」を選ぶ基準は、**「人生のゴールから逆算して、今やるべき好きなことは何か？」**です。

体力や気力、タイミングを計りながら「すごく好き」「ワクワクする」と感じるものがあるならば、それを最優先するのが、「人生後半の時間を充実させ、やりたいことをすべて実現する」コツです。

▼「逆算して、今やるべきこと」を追求しよう

7

「やりたいこと」の優先順位は「在庫時間」から決める

ここでは、「時間の質を高める」ことの３つ目「人生のゴール（最期）から逆算して、今やるべきことを最優先に行動する」方法を説明していきます。

具体的には、「ゴールと目標を定める」→「『理想の人生』を妄想する」→「『やりたいことリスト』をつくる」→「『在庫時間』から優先順位を決める」の４つのステップで進めます。

ステップ1　ゴールと目標を定める

人生も仕事も、ゴールを描かなくては時間の使い方が定まりません。

ここでいうゴールとは「何歳まで生きているか。その時点でどんな自分でいるか」ということです。

「最期のときを思い描くこと」から、「人生後半の時間」が始まるといってもいいでしょう。

誰にも「最期」の時間は必ず訪れます。

思っているより早く、前触れもなくやってくる可能性もあるのに、私は50代半ばまでその現実から目をそらしていました。

そんな私に転機が訪れたのは、恩師からの手紙を手にしたときでした。

死の間際に私宛てに書き記してくださった手紙には、

「自分が理想とするゴールの姿を決めないで生きるほど、ムダなことはない。臼井さんならばこの意味がわかるよね。悔いのない人生を送ってください」

とありました。最後の力を振り絞って書いた文字は弱々しかったけれど、私には力強い教えになりました。恩師の手紙が私の意識を変えてくれたのです。

私はゴールを１００歳に決め、そこから逆算して、日々を充実させ悔いを残さないために、「必要なことだけを行い、必要でないことはやらない」という絞り込みをはかり、具体的な時間術として「仕事時間は60歳で5時間、70歳で3時間にする」「土日祝日は完全プライベートタイム。仕事はしない」を定めました。

そして人生の目標をこう宣言したのです。

「１００歳まで書き続ける。最終目標はギネス登録最高齢の著作家！」


人生のゴールを考えるというと、後ろ向きのイメージを持つ方がいらっしゃるかもしれませんが、それはきわめてポジティブ。**自分が見たい景色に進んでいく行動です。**

ステップ2 「理想の人生」を妄想する

次に、「そこに至る道筋＝理想の人生」を「すべてが叶う前提」で描きます。
「理想の人生」といわれて、頭が真っ白になる方も多いでしょう。そんなときは、たとえば仕事、家庭、趣味、人間関係などに大きく分け、それぞれの領域ごとに思いを馳せ、**ざっくりと達成年齢を決めて〝妄想〟**すればＯＫです。
「56歳、副業として自宅で写真教室を開く」（仕事）
「60歳、パン工房を開きたいと話していた妻の夢を叶える」（家庭）

「70歳、趣味のプラモデルを極め、コンテストで日本一になる」（趣味）
「72歳、建設業界で働いていた経験を活かし、マンションの大規模修繕委員会の委員長として陣頭指揮を執る」（人間関係）

このように自分の気持ちに正直に、頭に浮かんだことを紙に書いていきましょう。

理想の人生を紙に書くのは、目的地まで迷うことなく進んでいくためです。目的地に辿り着くまでに、体調を崩したり、予測できない壁があったり、多額の資金が必要になったり。大切なパートナーとの別れもあるかもしれません。

けれど「理想の自分」さえきちんと設定しておけば、必ずゴールに辿り着けます。

具体的な方法も大事ですが、まずは自分がどこに行きたいのか、どうなりたいのかを明確にしましょう。すると、何が必要で何が不要であるかが鮮明になり、必然的に理想の人生により短い時間で到達することができます。

ステップ3 「やりたいことリスト」をつくる

「理想の人生」を叶えるためのプロセスを考えるために、「やりたいことリスト」を作成します。「現実的にできるかどうか」は気にせず、あなたが**やりたいことをそのまま書き出せばOK**です。「今すぐに」やりたいことでも、「これから」やりたいことでも構いません。語学を学び直したいならば、費用や独学にするか学校に通うかといった問題まで、考える必要はありません。

まったく思い浮かばないという方は、気になることや好きなことなど、好奇心や興味を覚え始めた物事に、思いを馳せてみましょう。

「こんなことをしたらバカにされそう」「もう大人なのに夢みたいなことを書くのは恥ずかしい」と世間体が気になる方が多いかもしれません。

でも**「時は有限」**。**他人の考えを優先させる「他人が主役」で生きる暇はありません。**「やりたいことリスト」の作成は、自分の意思を強く持ち行動する**「自分が主役」への転換**にもなります。

作家でラジオ・ナビゲーターのロバート・ハリスさんは、著書『人生の100のリスト』（講談社＋α文庫）の中で、人生のリストを書くことは自分のやりたいことを明確にすることだとして、「ファッションモデルと付き合う」「ギャンブルで飯を食う」「映画を５０００本観る」「武道で黒帯を取る」「自伝を書く」「氷河のオンザロックを飲む」「砂漠の朝焼けを見る」「ヌードモデルになる」などユニークかつ刺激的なリストを掲げています。

また、「これからの人生の１００のリスト」として、「雪に埋もれた究極の地でひと冬、本を読んで過ごす」「一日に一回、自分に憩いのひとときをプレゼントする」「最高級のイラン産キャビアを気持ちが悪くなるまで食べる」「日本の大学で『１００のリスト』をテーマにしたクラスを持つ」「クジラと泳ぐ」「バリのウブッドに、理想の書斎付きの豪邸を建てる」「マジシャンに弟子入りし、トランプ手品をマスターする」「英国へ行きぼくのルーツを探す」「親父と和解する」など具体的かつ魅力的なリストを記しています。想像すると、自分事のようにワクワクしてきますね。

あなたのリストもこれでいいのです。

「やりたいことリスト」は「あなたの未来予想図」です。

図1-3 「やりたいことリスト」の例

・仕事時間は60歳で5時間、70歳で3時間にする
・土日祝日は完全プライベートタイム。仕事はしない
・夏休みは60歳で3週間、冬休みも3週間。
70歳はそれぞれ1カ月とる
・定年退職後は「話し方の講師」として収入を得る
・退職金はパートナーと自分で半分ずつ好きなように使う
・健康診断は年に2回、歯科検診は年4回受ける
・地域のボランティア活動に参加する
・英会話を学び直す
（65歳でボランティアガイドができるレベルまで）
・健康のために10分ストレッチ・80回スクワットを毎日の習慣にする
・56歳、「小学生でもわかるフランス語コミュニティ」をSNSで立ち上げる
・57歳、料理教室に通って食生活の見直しと家事に慣れる
・63歳、率先して町内会の世話役を引き受ける
・趣味の写真で個展を65歳のときに開く

「やりたい！」と思うことをそのまま書き出せばOK。
「年齢の数」を目標に書き出していこう。

項目数に制限はありませんが、「年の数」を「指標」にするのもおすすめです。

たとえば、55歳ならば「55」。

その数字と同じ数だけやりたいことをやる。

記憶に残り、達成しやすくなりそうですよね。

「やりたいこと」をアトランダムに紙に書いていき、リストをいったん完成させたら、次は色分けです。

私は蛍光ペンで「時間」（ピンク）・「仕事」（オレンジ）・「お金」（黄）・「学び・趣味」（緑）・「人間関係」（紫）・「心身の健康」（青）等と、ジャンル別に色分けしていきます（色は自分の好きなものでＯＫです）。

すると、自分がどんなことに惹かれているのか、傾向が一目で把握できます。

リストの項目を達成できたら、チェックを入れていきます。この段階ですぐにチェックが入るものもあるかもしれません。そのときは自分で自分をほめましょう。「書いたけれど、とても無理そう」と思う方も安心してください。焦らず、本書で提案することを実践していけば、チェックの数は増えていくに違いありません。

なお、リストの内容は小まめにバージョンアップしていくことが大事です。

ステップ4 「在庫時間」から優先順位を決める

リスト実行の優先順位は「人生の在庫時間」から考えて、決めます。

若いときのやりたいことリストは環境・条件よりも「気持ち」優先で順位を決めていましたが、「人生後半のやりたいことリスト」は今を逃したらできる可能性が低くなるものから、優先順位をつけて私は着手しています。具体的には、

①**時間**：やりたいことをやりきるために、どれだけ時間が必要か
②**体力**：やりたいことをやるために、どれだけの体力が必要か
③**意欲（気力）**：やりたいことをやるための、意欲（気力）を兼ね備えているか

の順番でリストに書いた項目をチェックし、実現に向けて動き出します。やりたい気持ちはもちろん大事ですが、「時間」は有限です。そこは冷静に考えましょう。

▼年の数だけ「やりたいこと」をリスト化する

8　モノを整理して、「前進のための時間」をつくる

生きていれば思い出やモノが増えます。しかし、思い出に馳せる時間や不用品の収納やメンテナンスに要する時間、余計な情報に触れる時間は、ムダでもあります。それに、自分が死んでしまったらモノはどうなるのか？　それを処分するにも誰かの時間を費やすことになります。

恩師や仕事仲間の死を経験し、私は「宝物や思い出の品は捨てる」と決意しました。まず処分したのは、亡夫から贈られた「ダイヤのネックレス」。一番手放しにくいものでしたが、ゴージャスすぎて私の人生後半の時間には合わなかったからです。次に、メンテナンスに時間もお金もかかる「車」や「金のブレスレット」を売却。お金に換えられない不用品は「今までありがとう」と感謝しながら捨てました。スマホやパソコンに保存した写真は半年をめどに消去。書類や手紙なども同様に処分しました。

一気にこれまでの人生を「クリーニング」したのです。

すると思い出を懐かしんでいた時間、不用品のメンテナンスなどに使っていた時間が1日1時間以上も減り、家も仕事環境も整って、私は身軽になりました。

過去にすがりつく気持ちを断ち切って、前に進むために時間を使う。

そのために必要だったのが「モノの整理」でした。

「いつかやる」「いつか行く」……若いときの「いつか」には実現可能性がありますが、50歳を越えての「いつか」はただ逃げているだけです。

「人生１００年」といっても、１００年が保証されているわけではありません。

「いつか」なんか捨て「今」に集中してやりたいことをやりましょう。

そのために身軽になること。大事なことに時間を使うこと。

まずはモノの整理です。ワンシーズン、1年と時間を決めて使わなかったモノは捨てるというように目安を決めるといいでしょう。

▼過去にすがる気持ちを断ち切って初めて前に進める

9 「心が喜ぶこと」に時間を使う

私の30代、40代はいただく仕事は断らず、スケジュールに余裕がなくても、「ヒマで困っています。仕事を振ってください」と真顔で営業を続けていました。

真顔での発言ですから、それを受け仕事をいただくことも多く、さらに忙しさに拍車がかかり、時間に追われ常にジタバタしていました。

振り返ると当時の私の仕事のスタンスは、質より量。

たくさん仕事をこなせば収入が増えるのは当然ですが、それで満足している感がありました。

もちろん仕事の質を上げるためには量をこなす、経験を積むことは欠かせませんが、常にアクセルを踏み続けている状態は異常です。

そして50歳が近づく頃、自分は若いつもりでもパワーやスピードは少しずつ劣ってきていると気づきました。

若いときと同様な働き方を続けたら心身に支障が出ますし、若い世代と同じ土俵で競ったら勝ち目は少ないとも、悔しいけれど理解しました。

そこでパワーやスピードが劣る分、**仕事や人間関係をはじめ、何事においても「丁寧」に、質にこだわる生き方を心がける**ようになりました。

これからはアクセルを踏み続けることをやめて、好きなことや楽しいことを選んで、自分の心が喜ぶことに人生の在庫時間の多くを使っていきましょう。

「わがままに見えるのでは？」と思う方がいるかもしれません。

しかし、**「社会の役に立ちたい」「周囲の人を笑顔にしたい」**という視点があれば、それは少しもわがままではありません。

長年、水道整備事業に携わってきた知人は55歳を機に、発展途上国で水道インフラを整備するプロジェクトに参加。一日何往復も遠くの井戸まで水汲みに行かなければならない状況から子どもたちを解放し、子どもたちは「学校に通うこと」ができるようになりました。

「販売営業のエース」として一目置かれていた人は、56歳の今は「話し方」で悩む部下や仲間に「伝わるコミュニケーション」として、「相槌の打ち方やボディランゲージ、相手が心を許すひと言、会話の突破口」などを、時間の許す限り（相手が求める場合に）伝えています。部下や仲間からは「商談がスムーズに進むようになった」と喜ばれているそうです。

そういう人であれば、何歳になっても社会に求められ評価されるのです。

「55歳からの評価」とはこうしたものであるべきと私は考えています。

自分の心が喜ぶことに「人生の在庫時間」を使い、その結果、周囲も笑顔になる。

それこそ、最高の生き方ではないでしょうか。

▼「常にアクセルを踏み続ける」状態から脱却する

10

朝晩1分の習慣で「自分時間」を濃くする

この章の最後に、ぜひおすすめしたい習慣を紹介しましょう。

それは、**日の出と日の入りに感謝する時間を持つこと**です。

私は、「日の出」には「今日を無事に迎えられました。悔いのないように過ごします」、「日の入り」には「今日を生き延びることができました。明日が無事に迎えられるようにお願いします」と目をつぶり声にしています。

日の出と日の入りは季節によって異なりますから、日の出は太陽を感じられる6時前後、日の入りは夕方の5時半頃から6時頃と目安を決めればいいでしょう。

私は自宅ではテラスに出て、出張などの際には窓辺でその時間に行っていますが、移動中や会合でどうしても時間が取れないときには気づいたときでＯＫとしています。

時間にして1分程度ですが、感謝の時間であると同時に、「自然と対話する」時間でもあります。すると「限りある自分時間」が、何倍も濃くなる気がするのです。

「日の出」というと、新年の「初日の出」は特別。でも、他の日となると意識したことがない。「日の入り」は３６５日、何となく過ぎていく。そういう方が多いでしょう。

私も、あるときまではそうでした。今日を迎えられる「日の出」も、終えられる「日の入り」も当たり前。明日は必ず来るものだと安心しきっていました。

しかし友人や恩師の死、２０１１年３月11日に発生した東日本大震災では、仕事でお世話になった方が行方不明に。２０２１年７月３日に、住まいがある静岡県熱海市伊豆山地区で発生した大規模土砂災害では知人を失いました。

そうした体験を経て、生きることは当然ではない。**もっと命、時間に感謝しないと、生きたくても生きられなかった方に申し訳ない。**自然の前で私たちは無力。折り合いをつけて生きるしかない。そう考え、感謝する時間を持つようになったのです。「自然との対話」を習慣として以来、より大切に時間を扱えるようになっています。

▼日の出と日の入りに感謝する時間を持つ

COLUMN

臼井流！無理なく「心身の健康」を保つコツ1

1日に数回自分へエールを送る

億劫になったり憂鬱な気分に支配されているときには、身体も萎縮してガチガチになりがちです。

そんなとき、私は両手を上げて、背中を伸ばします。軽いストレッチです。すると背中の緊張がとれ気分転換。たちまち前向きな気持ちになれます。

また、目をつぶり深呼吸したら、自分に向けて、

「大丈夫！　うまくいく」（自信を失いかけているとき）

「スゴい！　誰もマネができないね」（努力を理解してほしいとき）

「抵抗に遭うのは成功に近づいているから」（反対や中傷に傷つきそうなとき）

「遅くたっていい、続けることが大事！」（成果を急ぐ自分をたしなめるとき）

「チャンスはピンチの顔をしてやってくる」（ミスやトラブルに見舞われたとき）

というようなエールを声にします。

一日に何度、声にしてもいいのです。ポイントは自分らしい言葉であること。

偉人や賢人の名言から学ぶことは多いですが、エッセンスだけいただいて自分の言葉に直すといいでしょう。ただし、「頑張れ！」「手を抜くな！」「ダメじゃないか！」というような言葉は「エール」ではなく「叱咤」です。

心身が疲れているときには苦痛に感じますから、おすすめしません。

私は胸に手を当てながら、「心」に語りかけるようにエールを送っています。

誰かから励ましや賞賛を受けることは、そうあるものではありませんし、重荷に感じることもあるでしょう。でも自分へのエールならば、迷わず口にできます。

声にするたびに元気や勇気、前向きなエネルギーを感じる「自分へのエール」は心のサプリメント。「時間」も「手間」もかけず心の健康を保つ役割を果たしてくれます。

第2章

時間を無駄にしない！心がラクになる人間関係

1

55歳からは「会社の人とはつき合わない」と決める

久々に飲みに誘ってきた同期入社の同僚。何事かと思えば、自分は頑張っているのに会社は何もわかっていないと不平不満のオンパレード。話を合わせはしたものの、そのネガティブさに内心はへきえき。

ある夜は少し上の先輩からのお誘い。こちらは過去に自分が立ち上げたプロジェクトの自慢。調子を合わせはしたけれど、本音は「今さら、そんな昔のことをいわれても」の気分。

思い当たる方も多い場面ではないでしょうか。

そこで、私がおすすめしたいのは、55歳を過ぎたら「会社の人とはつき合わない」「できる限り距離を置く」ことです。

残りの会社人生を「誰に対してもいい人」に徹したところで、メリットはありません。勤められてもあと10年です。

50代はその後の人生の準備をする大切な助走期間。**仕事を離れたら会社の人間とは距離を置くと決めてしまうのが、次を見据えた作戦**になります。

距離を置くべきタイプの第一はネガティブな人です。ネガティブな人は、相手のエネルギーを吸い取っていきがち。距離を置くことが一番です。

そして、ネガティブな人以上に要注意なのがマウントをとってくる人。

長年ビジネスの世界で生きてきた人は、「すごい成果をあげた」「すごい人とつながっている」と「マウンティング」に走る傾向があります。

仕事相手に対してならばハッタリを利かせる効果があるかもしれませんが、人生後半の人間関係でいえば「それが何か？」です。

実際、私の周囲にも、定年退職後も「マウント・グセ」が抜けずに、周囲から煙たがられ孤立している人がいます。

もちろん、会社で働いている以上は、イヤでもつき合わなければいけない人もいますよね。

そういう人とは挨拶や必要な会話はするけれど、仕事以外の何かを頼まれたときには3回に2回は「ちょっと手が離せなくて」と断る。飲み会や食事に誘われたら「また今度」というように、距離を置くといいでしょう。

何でもイヤな顔をせず引き受けた、つき合いがいいといわれていた「いい人」を返上して、会社の人間関係は上手に整理していきましょう。

▼「ネガティブな人」「マウントをとりたがる人」から上手に離れる

2 人間関係の「整理ノート」をつくる

限りある自分時間のために、人間関係の「整理ノート」の作成をおすすめします。

このノートは、**「これからの自分にはプラスにならないだろうと思う人」**を書き込むためのものです。

「プラスにならない」なんて、キツい物言いに感じるかもしれません。

でも、

「面倒な仕事を丸投げして手柄だけとっていく上司」

「頻繁に接待ゴルフを持ちかける取引先」

「長いつき合いではあるけれどドタキャンの常習者の友だち」

……など、あなたにも思い当たる人がいるのではないでしょうか。

これまで不満があっても、「仕事だから」「友だちだから」と目をつぶってつき合ってきた人たちです。

何歳まで生きているか、その時点でどんな自分でいるかという「人生のゴール」を決めたならば、そうした人たちとつき合っている時間はありません。

さっそく人間関係の整理にとりかかりましょう。

そうはいっても「自分から縁を切ることはできない」「すぐに縁を絶つことはできない」という方も多いはずです。

だからこそ、まずは義理や惰性、仕事だけでいやいやつながっている人など、本当はつき合いたくない人を「人間関係整理ノート」に書き込んで見える化するのです。

具体的なやり方はこうです。

今後つき合いたくないと思う人を、フルネームでアトランダムにノートに書いていきます。ノートは市販のごく普通のもので構いません。

五十音順やつき合いの長短で並べる、仕事やプライベートといった関係性で分けるなどのルール化は不要です。きれいに書く必要もありません。**他人の目や世間体を気にせず、自分の気持ちに正直になって名前を記していきましょう。**

記入した順番が、あなたが縁を切りたい順番になっているはずです。

この人たちとどのように「縁切り」するか、次の項で説明します。

▼「本当はつき合いたくない人」を見える化する

3

「整理ノート」に書き込んだ人と徐々に縁切りする

私は55歳で「人間関係整理ノート」をつくりました。

当時、人間関係が人生を圧迫していたのでしょう。なんと、つき合いがあった方の**9割近くの名前をノートに記入していました。**

「仕事のスケジュールを自分の都合で頻繁に変える人」

「何かにつけて持ち物の値踏みをする人」

「家族自慢しかしない人」

「プライベートにズカズカと踏み込んでくる人」

……などです。

その数に驚いたと同時に、それだけ自分にとって「プラスにならない人」に時間や労力を費やしてきた、ストレスにもなってきたと認識しました。

記入したら、次に、すぐに離れたほうがいいと考える人を「レッドの人」、徐々に離れるべき人を「イエローの人」と分類、色分けします。

「レッドの人」は食事や集いの誘いが来ても基本、断る。メールやメッセージが来ても、仕事でつながっている人以外は返事を控える。

「イエローの人」からの誘いは3回に2回は断る。仕事のメールや連絡以外は、自分からコンタクトをとらない。レスポンスは遅くして徐々に反応しないようにし、時間をかけてフェイドアウトしていく。

これを基本ルールと決めました。

長年つき合いのあった相手に、ずいぶん失礼だと思う方もいらっしゃるでしょう。けれど縁を切る方法をあれこれと考えて、そのことに時間を使うのは、本末転倒だと考えたのです。

そして、自分が思っているほど相手は気にしていない、と考えるようにしました。

そもそも自分が「整理ノート」に書き込むような相手です。私を大事に考えているわけではない。私と関わる時間が減ることは、相手にとってもプラスになる。こう捉えるようにしました。

「これまでつき合ってくれてありがとう」

感謝の言葉を「整理ノート」に記し、3年ほどかけて記入した方々とは完全に縁を切りました。

それで問題が生じたことは一度もありません。

人間関係を9割整理したことで生まれた時間を、それ以降は自分のために大切に使っています。

▼「自分が思っているほど相手は気にしていない」と割り切る

4

「地域の人間関係」に気持ちを向ける

人と関わることは、体力も気力も、時に忍耐力も使います。

人間関係の「整理ノート」でつき合う人を厳選したら、「友人もどき」はこれ以上、不要と考えましょう。

それよりも、地域の人間関係に気持ちを向けていくときです。

これまでずっと仕事ばかりで、**地域の魅力に気づいていない方も意外と多い**のではないでしょうか。

55歳を迎える頃には、地域の人間関係に目を向ける時間をつくりましょう。

それは**「仕事が中心の人生」から「自分が主役の人生」にシフトチェンジしていくこと。**人生後半を充実させるためにも欠かせないことです。

地域の情報を教えてくれるお隣さんや世話役さん、町内会長、マンション管理組合の理事長さんなどは、頼りになる「リスペクト友人」。同時に、ひとり暮らしの私にとって、こうした方々は何かあれば急いで駆けつけてくれる「レスキュー友人」でもあります。

７年ほど前、私はひどく体調を崩したことがありました。

悪寒と倦怠感、連続する吐き気に襲われ、這ってトイレに行く始末。着替えができず立ち上がれず、水さえ満足に飲めない。救急車を呼ぶにも力が入らず電話ができない……。

「このまま死んでしまうのかも。残された愛犬はどうなるのだろう」

そんな絶望感に襲われたとき、３日姿を見せない私を心配して町内会の世話役さんが訪ねてきてくれたのです。世話役さんとはそれまで、ほぼ毎日どこかで顔を合わせていましたから、私の姿が見えないことを不審に思ったそうです。

なんとか玄関まで這って行き、「動けないんです……」と。

次に気づいたときは病院で点滴を打っていました。

世話役さんが私を病院に運んでくれ、愛犬の食事や散歩までしてくださった上に、リンゴジュースやヨーグルトなど体にやさしい食べ物を差し入れてくださいました。

この恩は生涯忘れません。

その経験から地域の人々のお役に立ちたいと、私も町内会での大掃除や防災訓練、募金活動に積極的に参加。炊き出し訓練では率先してカレーや豚汁づくり。さらに、マンション管理組合の理事になり、新たな入居者に地域の魅力や市民サービスなどをお話ししています。

私は10年前、55歳で経営のバトンを渡し、静岡県熱海市に居を移しました。

「移住」に関心が高まる昨今ですが、私でいえば、**住み慣れた東京を離れたことは、これまでの働き方や人間関係を見直すいい機会**になりました。

そして新天地で、誰の目も気にせず自分に正直になって、仕事もプライベートも心躍ることを選択し、丁寧に生きようと考えました。

断ち切れなかった人間関係も「移住」を理由に手放すことができたのです。

そのおかげで、これまで目を向けることがなかった地域の人間関係の魅力に気づくこともできました。

今の住まいは終の棲家であり、真のふるさとです。

移住に限らず、故郷がある方も、**皆さんが今お住まいの地を「真のふるさと」と解釈したら、地域の人間関係の大切さが理解できる**のではないでしょうか。

人生後半を充実させるために、地域の人間関係は欠かすことができません。

▼地域の人間関係の充実が人生後半の充実につながる

5

本当に困ったとき「助けてほしい」といえる友だちをつくる

人間関係の「整理ノート」作成を機に、「これからの人生にプラスにならない」と思えた人とは縁を切った私ですが、一方で、本当に困ったとき「助けてほしい」といえる人が欲しい。年齢を重ねるにつれ生じる不安や悩みなどを、その人と共有できたらいいなと思いました。

これまで培ってきた人間関係を9割捨てたのですから、「人選」は容易だと思いました。でも、残った1割の方々は少なからず仕事と関係しています。

その人に「助けてほしい」というのは、仕事への甘えにつながるかもしれない。相手も私も、仕事が進めにくくなるかもしれない。

そんな危惧から、仕事とは無縁のつき合いから探そうと考えました。

しかし、いないのです。

ずっと仕事一筋の生き方をしてきた私には、心を許せる「友だち」といえる人はいませんでした。

幼少期から学生時代を振り返っても、その時点で、ひとりの友だちの名前も浮かばないのです。

「つまらない人間関係に縛られるくらいなら独りでもいい」とも思いましたが、本音をいえばそれは強がり。

人生後半の時間を助け合い、共に泣き笑いできる人がいたら楽しいですよね。

その後、意識的に仕事以外のコミュニティに参加するなど友だちづくりを考えるようになり、趣味のカラオケを通じて親しくなった「歌友」がかけがえのない存在になりました。全国大会への参加など、共通の高い目標を持ち切磋琢磨する仲間でもあります。私とは対照的な性格の面倒見がいい「姉御肌で頼りになる人」です。

お互いに「人生後半で大事な『友だち』ができるなんて、奇跡的な出会いだね」と言い合っています。ひとり暮らしの私を心配してＳＮＳの更新やＬＩＮＥの書き込みが2日ないと連絡をくれます。いわば生存確認ですね。

幸いなことに、これまで彼女に緊急レスキューをお願いしたことはありませんが、風邪の引きかけのときに「喉の調子を崩しやすい時期だから」と、健康効果の高い蜂蜜マヌカハニーが送られてきたのには驚きました。

私のちょっとした変化にも気を配ってくれていることに感謝しかありません。彼女にはお世話になりっぱなしです。

今のところ私は「彼女の声に合うような歌情報」を提供したり、人生後半は足腰強化が課題ですから、ストレッチやスクワットを教えたりしています。

過度にベタベタするわけではないけれど、いつもどこかで相手のことを気遣っている。利害関係や損得勘定なしで、困ったときにはさっと手を差し伸べる。

人生後半の人間関係は、数を増やす必要はありません。本当の「友だち」とのほどほどの距離感が心地よいものです。

▼人生後半の人間関係はほどほどの距離感が心地よい

6 真の「友だち」は3人いればいい

「友だち」について話を続けましょう。私の場合、「友だち」の定義は次の5つです。

①対等につき合える
②自分をさらけ出せる
③一緒にいて高め合える
④リアルで知っている（会っている）。ただし、顔を合わせた回数や頻度は関係ない
⑤久しぶりに会っても距離を感じない

兄弟や姉妹、親戚なども友だち候補です。そう考えると選択肢は増えますよね。
40代後半の知人の男性は10歳年上のお姉さんが「友だち」。お姉さんはアメリカ在

住のためここ数年リアルで会う機会はないけれど、LINEでの連絡はほぼ毎日だそうです。

「社会的地位ができると、対等な立場での友だち関係が成立しにくいものです。でも、姉とは互いをいたわり合い高め合い刺激し合い、フラットにつき合える関係。だから、家族というよりも、僕にとっては友だち感覚です」と語ります。ひとりっ子の私には、とても新鮮な視点でした。

また同窓生や学生時代のサークル仲間と久しぶりに会って意気投合して「交流」が再開することもあるでしょう。

仕事人としての自分を知らない相手こそ、利害や打算抜きにつき合える「友だち」になれると私は考えています。

これまで地元にあまり目を向けることがなかった方は、地域活動やイベントなどを通じて友だちができることも意識してはいかがでしょうか。

「真の『友だち』は3人いればいい」というのが私の持論ですが、前述したように、当初この5つをすべて兼ね備えている「友だち」はひとりもいませんでした。

55歳を過ぎて「友だち」の必要性を感じ、少しずつ「友だち」づくりを意識し、結果、年下、同世代、年上の友だちがひとりずつできました。

同世代かつ同性で友だちをかためると、「共感」「協調」「共有」できる部分が多くラクではありますが、**新鮮な気づきや驚き、学びをもたらしてくれるのは年下あるいは年上、そして異性の友だちです。**


年下の友だちは10歳ほど下の異性です。地域活動（町内会）を介して知り合いました。読書好きと聞き著書をプレゼントしたら、以前から読んでいた（私を知っていた）ことがわかり、親しくなりました。知り合って8年ほどですが、パソコンや動画編集に強いので頼りにしています。

同世代の友だちは、亡き「愛犬」の散歩を通じて仲良くなった近所に住む女性。ペット連れＯＫのカフェやイベントにご一緒するうちに、彼女もご主人を早くに亡くしお子さんもいない「ひとり暮らし」という境遇が似ていることもあり、仲良くなりました。10年ほどのつき合いです。愛犬を亡くし「ペットロス」に陥っていた私を支えてくれた大切な友だちです。

年上の友だちは先に紹介した、趣味のカラオケを通じて出会い、切磋琢磨する関係になった女性です。彼女も家庭の境遇が似ています。彼女は横浜在住、私は熱海と少し離れており頻繁に顔を合わせるわけではありませんが、電話やＬＩＮＥでの生存確認は２日空くことはありません。彼女とは８年近いつき合いです。

これからの人生に大事なのは、**友だちの「量」ではなく、「質」**だと日々感じています。

▼兄弟や姉妹、親戚も友だち候補

7 友だちに「期待」しすぎない

「真の『友だち』は3人いればいい」の話を講演会ですると、本当にたくさんの質問をいただきます。「友だち」問題はそれだけ切実で関心が高いものなのでしょう。

多く聞かれるのは、「なぜ3人ですか」ということです。

もっと必要だと考える方もいるでしょう。友だちが多いことで楽しい、充実している方に、無理に3人に絞りなさいとはいいませんが、そのすべてとつき合うことはできないですよね。時間もそれなりに侵食されます。

人生の在庫時間を友だちづき合いに多く費やすのは、もったいない。知人に近い友人が増えれば、グチやネガティブな話を耳にすることも増える。私はそう考えています。結果、適正人数を3人としました。

「本当の友だちかどうかの見極め」もよくご質問を受けます。

これについては、私は「間《ま》」を重視しています。詳しくいうと、メールや電話、ＬＩＮＥなどで用事がないのに、頻繁に連絡をくれる方はノー（タイミングという間）。家族やお金のことなどプライベートの話に踏み込んでくる方はノー（個人の領域という間）、リアルで会話をする際に、話の腰を折ったり最後まで聴かない方はノー（会話は間が命）。

関係性を深めたいときには、自分もこのような「間」を侵さないように心がけています。

友だちに期待しすぎている方も多いように感じます。

「友だちだと思ったのに」「友だちだから○○してほしい」。そんな話をよく耳にするのはその表れでしょう。

しかし、「友だち」だからこそ、一線を引くのが「大人の友だちづき合い」です。

▼一線を引くのが大人のつき合い

8

自分時間を守る「断り術」を身につける

ある程度の年齢になると、頼まれ事が増えるものです。

私自身も、たとえば「会合のファシリテーターをやってくれないか」「イベントの集客に協力してくれないか」など〝面倒〟を頼まれることが増えました。

最初は「シングルだから自由な時間がたっぷりあると思われているのだろうか」と都合がいい誤解に少々腹を立てることもありました。

ただ、その後は「頼られるのは信用されている証」と前向きに捉えた上で、気が進まないことは安請け合いせず迷わず断るように決めています。

引き受けたのに「やはりできません」では相手を困らせ、信頼を失うことにもなりかねません。無理なことは最初から引き受けない姿勢が、結果的に相手の時間も自分の時間も大切にすることになります。

「断り術」は、ただラクをするためではなく、相手と真摯につき合うために、大事な関係性を損なわないために必須の時間術です。

それは**自分時間を守り、身軽に人生後半を生きる基本**でもあります。

私は断りのルールを次のように決めています。

- **仕事以外の外出が週に2日以上になるものはNG**
- **帰宅時間が21時を過ぎるつき合いはしない**
- **スケジュールの相談ができない仕事はしない**

例外もありますが、こうしたルールを決めておくと「断ったら雰囲気を悪くするのではないか」「嫌われるのではないか」などと悩む時間を短縮できます。

何でも引き受けて抱え込むと、自分の時間がどんどん侵食されます。

「何もしていない時間」でも自分時間は、大切。

やりたいことや行きたい場所に思いを馳せたり、理想とする自分に向かってしっかり歩んでいるのかを確認できるのは、実は「何もしていない時間」です。これほど重要な時間はありません。

自分の大事な時間を守るためにもマイルールを決めて断りましょう。

なお、上手に断るためには、

「引き受けるつもりで話は聞く」

「断るタイミングは即答か、いったん預かって翌日までには返答する」

「頼んできた相手の立場になって考える」……ことは欠かせません。

そして断る際には、相手の立場を尊重した次のような言葉を添えましょう。

「お引き受けしたいのは山々ですが、先約がありまして」

「残念ですが、どうしてもスケジュールが合いませんので」

「お心遣いはうれしいのですが、外出を控えておりますので」

これで関係が悪くなることはありません。

▼「断り術」で「何もしていない時間」を確保

9

他人からの「評価」を求めない

かつては私も「いい人だと思われたい」という気持ちが強く、仕事の場で自分の意見を主張しつつも、最終的には周囲に合わせて行動しがちでした。

でも、自分を取り囲む人は大勢います。その人たちすべてを尊重して**「他人基準」でいたら、自分がわからなくなっていくのは当然**です。

結果、私は鬱状態になり心療内科で治療を受けることになりました。38歳で罹患、完治しては42歳、48歳と治療を繰り返したのです。

その間、病気を伏せて仕事をするのは難しいことでしたし、カウンセリングを受けるたびに「私はなんて弱いんだろう。『自分』を持っていないんだ」と負い目を感じました。

そこで50歳になったことを契機に、「もう誰からも『評価』されなくていい」と開き直ることにしたのです。

開き直るといっても、最初から１００％、人の目を意識しないことはできませんでした。長年染みついた「いい人だと思われたい病」から抜け出すのは困難でした。どうしようかと考えた末に、自分の行動に、毎日自分で合否をつけるようにしたのです。

自分で決めたことをきちんと行えた日は合格。「さすが！」と自分をほめます。他人の意見に左右され、自分がぶれてしまった日は不合格。ですが、「大丈夫！明日は合格間違いなし」と自分にエールを送りました。

そうするようにしていったところ、徐々に合格の日が増えていきました。そして、

・選択は自分の心地よいほうを優先する
・「あなたは素晴らしい」「あなたは最高」「よくできたね」などと自分を労うほめ言葉を自分にかける

・その日のうれしかったことをひとつ挙げてみる

など、より「自分」を意識するようにしていきました。

すると本当にラクなのです。

「いい人だと思われたい」と他人の目を意識していた頃は、臆病なくせに見栄を張っていましたから、居心地が悪く人相もよくありませんでした。当時の写真を見ると「これが私？　こんな人とはつき合いたくないなあ」と正直思います。

今は素のまま。弱さもろさも見せますが、自分でやると決めたことは、周囲の意見は聞いても流されません。断固としてやり遂げます。

人生後半の在庫時間はすべて自分のもの。他人の評価なんてどうでもいいのです。

あなたもそう開き直ってみませんか。

▼50歳を過ぎたら「他者評価」ではなく「自己評価」

10

仕事や家庭以外の「第3のつながり」をつくる

年代にかかわらず、仕事や家庭以外の「第3のつながり」はつくることができます。趣味をきっかけに年齢の離れた友だちを見つけたり、オープンスクールや市民講座に通いつながりを求めたりするのもいいでしょう。

仕事で忙しい間は、「第3のつながり」の必要性は感じないかもしれません。でも、人間関係づくりには時間がかかりますから、**いわゆる〝働き盛り〟の段階から意識しておくのが理想です。**

40代後半で管理職として札幌に単身赴任した知人がいます。

自宅に帰れるのはお盆と正月休みだけ。帰っても奥様と会話が弾むわけでもなく、大学生の息子さんはサークル活動やアルバイトで不在がち。家庭に居場所がなかったそうです。仕事の現場でも、「どうせ3年もすると部長は本社に戻るのだから」と居心地が悪かった。そんな彼の支えになったのが、仕事で意気投合した社外の人たちと結成した「温泉を巡る会」。そのコミュニティがオアシスになり、心身のバランスを保つことができたそうです。

その後、彼は東京に戻り、定年退職後の今はカフェを経営しています。その際に親身になって応援してくれたのも「温泉を巡る会」の仲間でした。

私自身も実感していることですが、本音をぶつけたり弱さをさらけ出せるのは、仕事や肩書を抜きにつき合える相手です。

それは、これまで経験したことがないような濃密で価値ある時間でもあります。「第3のつながり」を見つける過程では、「**こんなことに夢中になれる自分がいたのか」と、気づくことも多い**でしょう。何歳になっても、人には無限の可能性があります。それを探しながら自分を知っていくことが、人生を豊かなものにしてくれます。

▼会社を辞めた後に頼れるのは、仕事や肩書を抜きにつき合える仲間

11

「地域活動デビュー」の作法を学ぶ

私が住む静岡県熱海市では、自治会・町内会やボランティア活動、趣味の会などの地域活動があり、大勢の女性が参加していますが、男性の参加は少ないように感じます。

これまで仕事一筋だった方もそろそろ地域活動デビューをしてみてはいかがですか。

地域活動をすることは、社会とのもうひとつの接点をつくることのほかに、自分が住む街を深く知り、住環境を整える役割も果たします。

そのスタンスは、これまでの「効率重視の発想」から「余白をつくる発想」にシフトすることと通じるものがあります。

活動をする際に気をつけたいのが、相手への接し方や言葉遣いといった作法です。

仕事では上下関係や利害関係などで言葉遣いも違っていたでしょうが、地域活動ではみんながフラットな関係。基本は「誰にも分けへだてなく丁寧」に。経歴や実績などの自慢話は嫌われるだけですから気をつけましょう。

ここで「地域活動デビュー」で覚えておきたい、「好かれる言葉」と「嫌われる言葉」を紹介します。

［好かれる言葉］

①「教えていただけますか？」→ここでは新人。学ぶ姿勢を言葉にしましょう。

②「ありがとうございます」→感謝はその場ですぐに伝えましょう。

③「すごいですね」→相手を敬いほめる言葉は人間関係の潤滑剤です。

④「勉強になりました」→笑顔と共に学びの感謝を声にしましょう。

⑤「お手伝いさせてください」→積極的に活動に参加していることを宣言します。

［嫌われる言葉］

①「私なんてとても」→卑下するような言葉遣いは嫌われます。

②「○○さん（著名人や偉い人、地元議員など）とはよくゴルフに行く仲です」など

↓自慢めいた話は鼻につくものです。

③「ウチ（勤務先）の場合だと」↓無意識の現役感のちらつかせととられる懸念も。

④「もう年なので」↓シニアが多い地域活動では通用しません。

⑤「やったことがないです」「できません」↓新人ができないのは当たり前です。

さらに、地域活動ですと年金生活の方も多く金銭感覚もバラバラですから「お金の話」は慎重に。名刺を持たない方も多いですから、名刺交換から関係がスタートするわけではないことも心得ておきましょう。

私自身が参加して感じた地域活動がうまくいくコツは、さまざまな考えの人がいるから「ゆるい連帯感でいく」ということです。

地域活動は楽しむ。

楽しんで誰かの役に立てば最高です。

▼地域活動では水平関係を心がける

12

ＳＮＳでのつき合いは「マイペース」を基本にする

何事にも真面目に取り組む人が多いのがこの世代。ＳＮＳについても、「始めたからには続けなければ」「会社以外の〝第3の場〟をつくろう」と投稿に一生懸命になりすぎて疲れる、時間を奪われる、ＳＮＳとの適切な距離感が悩みの種という声をよく耳にします。

私は、ブログを皮切りにＳＮＳへの投稿、音声やユーチューブ配信と、さまざまな媒体に関わっています。そんな私の例も参考に、ＳＮＳとのつき合い方をお話ししましょう。

私の場合、構えはあくまでも「マイペース」。

以前は気分が乗らない日も体調がすぐれない日も、毎日同じ時間に何か投稿しなければいけないという義務感でやってきた部分があります。しかし今は、**伝えたいことがなければ発信をやめます。**

そもそもSNSの投稿に義務感を覚えるのはおかしいのですが、かつては「読者へのサービス」「仕事のマーケティングのため」ともっともらしい理由をつけて、毎日3時間以上もSNSに時間を割いていた時期もありました。

起床するとすぐにパソコンを立ち上げSNSに「おはようございます投稿」。フォロワーの投稿をチェックして「いいね！」をしたり、簡単なコメントを入れたり。フォロワーが1万人もいればそれなりの対応をしなければ失礼だと、杓子定規に捉えていたのです。

しかし「仕事の世話をしてほしい」「企画書があるので出版社を紹介してほしい」といったダイレクトメッセージが届くようになって、目が覚めました。

匿名で顔を見せないSNSには、私の常識では考えられないような人もいる。上手につき合わないと、**時間を奪われるだけでなく、炎上の対象にもなりかねない。**

以降は、顔見知りからのダイレクトメッセージは開きますがそれ以外はスルー。馴れ馴れしいと感じるコメントは削除して、ブロックしています。
今も毎朝の投稿は行っていますが、時間はまちまち。マイペースです。**フォロワーの投稿をチェックする「ＳＮＳパトロール」は一切やめました。**

教えてほしいことができたら、ＳＮＳで呼びかけることもしますが、きちんと反応してくれる人は、わずか。その人は「心友《しんゆう》」＝リアルで会っていなくとも心はつながっている友として、大切にしています。

もちろん「心友」でも距離を置いて、プライベートに踏み込まないですし、相手も同様です。

今の私にとってＳＮＳは「生存確認」と、「さまざまな世代や層の考え方、トレンドを知る場」。自由時間にふらっとつき合うスタンスです。

▼ＳＮＳは「生存確認」と「さまざまな層の考え方を知る場」

13 ボランティアで「心の満足度」を上げる

少し時間に余裕ができたということで、ボランティアに興味を持つ方も多いでしょう。

社会貢献という意味はもちろん、美術館や博物館での解説や観光案内、公園や商店街の花壇の手入れ、老人介護施設での歌唱や体操、デイサービスで囲碁・将棋・マージャン・オセロの相手になる、地域のイベント開催の手伝いなど、**趣味に通じるものがあるのもボランティアの魅力**です。

長年マラソンを趣味にしていた知人は、ケガで大会出場が難しくなった今はボランティアスタッフとしてマラソン大会に「参加」しているといいます。

私は居住している静岡県熱海市のホームページや広報誌から、どんなボランティアがあるかを探しました。今は熱海市在住者専用ボランティアフォームに登録もして、活動の準備が整い次第「災害ボランティア」の声掛けをお願いしています。

ボランティアに関わって15年余り、無理なく楽しく続けられたのは常に、自分がやりたいものを選択してきたからに尽きます。

始めるのもやめるのも自由なボランティア。

だからといって何となく引き受けたり、他者の意見に左右されたりせず、本当に自分がやりたいことを選びたいものです。

それはこれまでの**「仕事が中心」という時間の使い方ではなく、「自分が中心」の時間の使い方であり、社会に貢献できる生き方**でもあります。

私は老人介護施設で、利用者さんと一緒に歌唱や体操をするボランティアを不定期に行ってきました。表情が乏しかった方が柔和な顔になったり、私を娘さんと勘違いして涙する姿を目にしたり、手先の器用な方から折り紙を教えていただいたり。

ボランティアに参加するたびに心が温かく豊かになります。

長く楽しく続けるコツはもうひとつあります。

ボランティア活動は無理がない程度にするということです。

私の話でいえば、遠方への災害ボランティアは仕事をする中では難しいので、義援金や支援金という形を選びます。地元で発生した熱海市伊豆山土石流災害では、発生当初はライフラインが途絶えた高齢者のお家への飲料水の運搬や生活物資の運搬を、捜索活動の邪魔にならない範囲で行い、その後はまとまった額を寄付しました。

自分が暮らす地域で起こった災害ですから「他人事」ではありません。

美しい景観に人情溢れる方々が暮らす伊豆山が元の姿を取り戻すまで、微力ですが**「自分にできる」ボランティアを続けます。**

最後に、社会貢献の形態としてはもうひとつ「プロボノ」があります。

ご存じの方も多いでしょうが、これは、社会人が専門分野の知識やスキルを活かして無償でNPOなどを支援する社会貢献活動。ラテン語で「公共善のために」を意味する言葉を語源としています。

当初は弁護士が所得の低い人向けに無償で法律相談に応じるといったものが主流だったそうですが、現在は分野も拡大しています。

ボランティアに比べて職種は限られるかもしれませんが、**専門知識を活かすということで活動の手応えをより感じる**方も多いでしょう。

プロボノに参加したい人と、人材を求めるＮＰＯ団体をつなぐマッチングサイトも複数あります。興味のある方は「プロボノ　マッチング」などで検索してみてください。

ボランティアを通して社会と新たな接点をつくる

14

LINEの「万が一連絡網」をつくる

50代からの人間関係でいえば、万が一に備え「ＬＩＮＥ」の連絡網をつくっておくことは大事です。離れて暮らす老親や家族、そして「本当に困ったときに『助けてほしい』といえる友だち」との連絡網です。

ある意味、**ゴール（最期）を見据えた時間術の策でもあります。**

「家族ＬＩＮＥグループ」のある方も多いでしょうが、特に、**ひとり暮らしの方は友だちとのグループ開設は必須です。**

ＬＩＮＥで緊急時の連絡網をつくろうと、いずれもひとり暮らしの同年代の友人5名に提案したとき、「万が一のことなどない」と皆、最初は乗り気ではありませんでした。しかし、ひとりが自宅で転倒して骨折した際には「入浴を手伝ってほしい」と

ＳＯＳ。原因不明の倦怠感で起き上がれないメンバーからは「手が空いているなら、誰か病院に連れて行って」という連絡が来ました。
幸い、生死に関わるような事態は発生していませんが、**連絡網がある安心感は何物にも代えがた**いものだと認識しました。

同様のことはメールでできるという人は多いでしょうが、ＬＩＮＥには、スマホだけで素早く簡単にグループに一斉連絡できる利点があります。極端な話「ＬＩＮＥスタンプ」だけでも相手の動向がわかるという簡便さが重要なのです。
最近は「親世代」の高齢者でも、使っている方が増えている印象です。

ちなみに私のＬＩＮＥ連絡網は「歌好き美魔女グループ」（通称）と設定。歌友５名の構成で週に一度は「歌の話や美容、健康トーク」をしています。

▼「LINE」グループを緊急時にこそ活用しよう

15

シングルは婚活するか、「生涯独身」の腹を決める

人間関係を考えるにあたり、シングルの方には「婚活」という道もあります。

「この年で今さら婚活なんて」と抵抗感のある方もいるでしょうが、いろいろな経験を経た世代だからこそ理想の家庭を築ける、パートナーとうまくやっていけるという面もあります。婚活に遅すぎるということはありません。

バリバリのキャリア派の知人は57歳のとき、婚活パーティに参加したことが縁で同世代のカメラマンと結婚。「結婚はこりごりだ」と語っていた60歳の知人は、マラソン大会への参加がきっかけで、ランナー仲間と結婚に至りました。

結婚した人たちによると、共通の趣味がある、食べ物の好みが合う、子どもの理解が得られるといった点が、決め手になったといいます。

もちろん、一生独身という選択肢もあります。

そうと決めたら頼れるのは自分だけ。人間ドックと歯科検診で定期的に健康状態をチェックし、栄養バランスのとれた食事と適度な運動を心がける。家計も自分だけが頼りですから、副業も視野に入れつつ月々生活していくのに十分な収入を維持。どれだけ貯蓄が必要なのかを、ゴールから逆算して準備しておきましょう。

シングルでやっていける自信があっても、人の助けが必要になる場合もあります。何かあったときに相談できる人やご近所さん、かかりつけ医など、いざというときに頼りになる人と普段から良好な関係を構築しておくことも重要です。

私は46歳で夫と死別。以降寂しいと感じたことはありません。**ひとり暮らしの醍醐味は、好奇心に任せ何事も自分で決め実行できること。**やりたいことを全部やると決めていますから、パートナーは不要。独身生活を極めます。

▼自分が主役の人生。「婚活」を成就させるのも「独身」を極めるのも自由

16 年賀状をサラリとやめる

儀礼的つき合いの中には時間のムダが多く存在します。その代表が年賀状でしょう。

50代半ばの知人は年賀状のやり取りをやめて5年。「年賀状の準備をしなくてはいけない」という強迫観念から解放されたことは、何物にも代えがたいと語ります。

ショッピングモールで店長を任されていた彼にとって、12月はクリスマス商戦や歳末大売り出しで慌ただしい、年間を通して一番の繁忙期。この時期に年賀状を揃えひと言添え書きしたり、間違いがないように印刷された宛名ラベルを確認したりするのは、苦しみでしかなかったそうです。

取引先やお客様に出す年賀状は500枚を超えます。数を絞ることも考えましたが、「あの人に出してこの人に出さないのは、失礼にあたるのではないか？」

「何かの折に取引先間で『うちには年賀状が届いていないけれど、御社は？』というような話になれば信用に関わってしまう」

と考え、ストレスを感じながらも年賀状を出し続けていました。

その彼が年賀状をやめたのは、２０１１年3月に発生した東日本大震災がきっかけでした。「系列のショッピングモール全店で店長の年賀状をやめ、その費用を復興支援として寄付する」ことを震災から少しして本部に提案したのです。「義務的に書く年賀状にお金を使うよりも、社会に役立つことにお金を使うのが企業の務め」と。

結果、会社としての年賀状は撤廃。

そこに費やしていたお金は復興支援に寄付され、それは今も継続しています。年賀状をやめたことで困ったことは何もなく、追随する企業も現れたそうです。

私自身も55歳で人間関係の9割を整理したことで、年賀状は出さない方針でいましたが、すべてやめるには至らず、毎年12月の声を聞くと憂鬱になっていました。

年末進行の原稿に追われ、講演会も増える時期ですから、年賀状にかける時間や労力はなくしたかったのです。

そして少しずつ減らしていき、２０２２年の年末、遂に年賀状を出すことをすべてやめました。

年賀状を出さないことで縁が切れるような関係ならば、そもそもいりません。

ふと相手のことを思い出したときに、ＬＩＮＥやチャット、メールでさり気なくつながる。そんな関係が心地よく感じます。人生後半になれば、大切なのは年賀状にかける時間ではなく、誰とどうつき合っていきたいかという自分の気持ちです。

昨今は「〇歳を機に年賀状を卒業します」といった「年賀状じまい」の年賀状を書くススメもいわれますし、年賀状を廃止する組織も聞くようになりました。

むろん会社の年賀状がある場合、それをやめるのは難しいでしょう。組織人である場合は、無理をしないことです。自営業者の方などの「営業ツール」としての年賀状を否定するものでもありません。

ただ、人生後半の貴重な時間を、憂鬱な思いをしながら儀礼的なことに費やすのはできる限りやめたほうがいい。そのことはお伝えしたいと思います。

▼憂鬱な思いをしながら儀礼的なことに時間を費やすのはやめる

17

「プチプレゼント」の達人になる

私は経営のバトンを渡し、東京から静岡県熱海市に居を移した55歳を機に、お中元やお歳暮を贈ることは一切やめました。それでも贈ってくださる会社や個人の方には、手紙やメール、電話で「今後、お気遣いは不要です」とだけ伝えました。

「お返しは？」と考える方もいるでしょう。私も最初はお礼の品に「今後、お気遣いは不要です」と添えていましたが、そうするとやり取りは止まらないのです。

お中元やお歳暮のほとんどは、会社であれば「前任者から引き継いだ」、個人であれば「祖母の代からのおつき合いだから」という儀礼的なものではないでしょうか。

相手へのリスペクトでもあると思いますが、心のふれあいや温もりのようなものをあまり感じないのは、私だけではないでしょう。

それよりも友だちや趣味仲間、日頃お世話になっているご近所の方に、**自分のタイ**

ミングで「プチプレゼント」を贈るのが、感謝の気持ちを伝えるために効果的です。予算は500円~3000円程度。友だちや趣味仲間ならば「小ぶりの花束」や「ワイン」。ご近所さんには「クッキー」や「入浴剤」など。使用したり飲食したらなくなる**「消えモノ」が、相手の負担にならず喜ばれます。**

自分のタイミングで贈るのですから、「プチプレゼント」に添える手紙やカードなどに、工夫をすることはできますよね。**これは時間の手綱を握りながら、無理なく人間関係を続ける**という、人生後半の時間の使い方でもあります。

面と向かうと照れて言葉にできない感謝や労いの言葉を「ほんのひと言」添えるというのはいかがでしょうか。たとえば、次のような言葉で相手の心をつかむのです。

「頼りになる○○さん、これからも学ばせていただきます」

「△△ができるようになったのは、○○さんのおかげです」

「○○さんの笑顔に、癒やされています」

▼たちまち相手の心をつかむのが「日常でのプチプレゼント」

COLUMN

臼井流！無理なく「心身の健康」を保つコツ2

年に4回は歯科検診を受ける

私の目標は、いつまでも自分の歯で美味しく楽しく食事をすること、生活習慣病なんて寄せつけず、生涯現役で仕事をすることです。その要となるのが「歯の健康」。年に4回（1月・4月・8月・11月）は歯科検診と決めて、かかりつけ医に予約を入れています。

それぐらいでいないと、歯磨きやうがいで歯や口の健康に日々気を配っていても、歯周病が進行して、自分の歯を失う可能性があると思っているのです。

それを裏づける専門家の発言もあります。

認知症専門医として1万人の歯と口内を診てきた長谷川嘉哉さんは、

「口の中に残っている歯の数と認知症発症率には、相関関係がある」

「歯周病は日本人の大人のほとんどが患っている、いわば国民病。その発症率は35歳前後からぐんぐん上がっていき、40代になるころには8割もの人が歯周病を発症」と著書の中で語っています（『脳の老化を止めたければ 歯を守りなさい！』かんき出版）。

一方、日本歯科医師会が２０２２年に全国の15～79歳の男女を対象に行った調査によれば、歯科医療機関で「定期チェックを受けている」人は32・8％。

また20代～70代の回答者の２０２１年度の健康診断・人間ドック受診率は51％、職場や自治体が実施する歯科健診受診率は13％。そこに3倍以上の差があるということです（公益社団法人日本歯科医師会「15歳～79歳の男女１００００人に聞く、『歯科医療に関する生活者意識調査』」）。

歯や口の健康は全身の健康に重要ということはよくいわれます。しかし、日本歯科医師会の調査を見る限り、歯や口の健康のために定期チェックを受けるところまでは実践できていない方も多いようです。

病気から体を守るためにも、豊かな食生活を守るためにも、脳の健康を維持するためにも、歯科検診は健康診断以上に意識。定期的な歯科検診の受診が大事と思います。

第3章

時間を上手に使う人がやっている学び直し

1 あれこれ手を伸ばさず「自分のペース」で学ぶ

「学び直し」は今後の生き方や働き方を決める大きなカギになります。

「社会人の学び直し」である「リカレント教育」が注目される背景を、政府は大きく次のような言葉で説明しています。

私たちの働き方は、「転職や起業で新たな仕事を始める、定年後も新たな仕事にチャレンジするなど、キャリアアップやキャリアチェンジしていくスタイルに変わりつつあります」「これからの時代は、多様なライフスタイルやライフステージの変化に応じた生き方や働き方がいっそう求められるでしょう。学校を卒業した後も、新たな知識やスキルを身につける学び直しは、生き方や働き方の選択肢を増やし、人生の幅を広げることにつながります」。

「何を今さら。自明の理じゃないか」と思う方も多いでしょうが、「学び直し」が生き方や働き方の選択肢を増やす要となる、ということはここで再認識してください。
単にムダを省いたことで時間が増えた、時流に乗って「学び直し」をしようというのではなく、50代はこれまでのキャリアや実務経験、人生経験を客観的に棚卸した上で、「学び直し」によって、これから必要とされるスキルや知識を獲得、アップデートするときです。

定年に備えキャリアに活かせる学びや、資格取得、会社以外の「居場所」として夢中になれる「学び」を始めるのをおすすめします。なお資格に関していえば、法律系の資格取得は、社会経験が豊富な大人になってからの学びが断然有利です。私自身も宅建士、行政書士の資格を取得しています。

時間や経済的な余裕も生まれるのが50代ですが、あれこれ手を伸ばさず自分のペースで学びましょう。

生涯学び続ける姿勢は、明るく前向きに生きる原動力にもなります。

▼生涯学び続ける姿勢は明るく前向きに生きる原動力

2

「子どもの頃の夢」から学びのタネを見つける

「リスキリング」が流行になっていますが、それとは別に自分の意思で「おしきせ」ではない学び直しができるのが今。

かといって何をすればいいのかわからない人、やりたいことが浮かばない人には、子どもの頃の夢を思い出すことをおすすめします。

「今さら子どもの頃の夢?」と思う方もいるでしょう。

実は、私も40代を迎えるまでは「子どもの頃の夢」を思い出すことはありませんでした。

でも、ある出来事をきっかけに、子どもの頃の夢の扉を開けることになったのです。

ある日、知人からこういわれました。

「臼井さんの仕事にいつか役立ちそうな国家資格を知っているよ。経営者として箔《はく》もつくんじゃないかな」

当時の私は会社経営で多忙を極めていましたが、つい勢いで「一度で合格します！」と宣言してしまいました。

試験日も試験内容もわからないままその資格――「宅地建物取引士」（宅建士）の勉強を始めたのは、41歳の7月。試験日まで3カ月を切っていました。

慌てて購入したテキストを開いた瞬間、「これは無理。一度で合格するなんてできない」。大口をたたいた自分が恥ずかしくなりました。その一方で、**何の知識もないピュアな状況だから素直に学べる。**「これから新しい世界が始まる」という期待に胸が高鳴ったことをありありと覚えています。

そして2カ月集中して勉強。合格しました。

そのとき、子どもの頃の夢をハッと思い出したのです。

「法律家・テレビコメンテーター・小説家・社長になる」

どれかひとつではなく4つの肩書を使いこなす「スーパー・ウーマン」が、私の夢でした。

社長にはなった。

法律系資格の宅建士の取得で法律家の入り口には立った。

テレビコメンテーターには、ある分野を究め、話し方のスキルをあげればいい。

一足飛びに「小説家」になるのではなく、まずは体験を伝えるビジネス書の「著者」にはなれる。

宅建士を取得したことで、何に挑戦するにしても遅いということはない、今からでも夢は叶えられると考えるようになりました。

それから「行政書士の資格取得」「著述家」「講演家」と、スキルアップしながら「子どもの頃の夢」に近づいていきました。

私は「宅建士取得」がきっかけで「子どもの頃の夢」を思い出しましたが、振り返れば「就きたかった職業」や「憧れていた仕事」は誰しもあるでしょう。

幼少期だからといって荒唐無稽なものではなく、自分の「好き」に正直になって、夢を描いていたはずです。

「もう50代だから」と夢の入り口に立つことをあきらめてはもったいない。

「まだ50代だから時間はある」と先送りをすることももったいない。

今この瞬間から、夢にトライしてみませんか。

本当に必要なことは何かを見極め、心躍ることに時間を費やせる今だからこそ、人生のゴール（最期）から逆算して行動しましょう。

精密機械を長年扱ってきた知人は、手先の器用さを活かし50代後半で幼稚園のときの夢「ケーキ屋さん」に転身。貿易商だった知人はずっと憧れていた「通訳」に転身。50代になってから、夢の「歌手」になった教員の知人もいます。

50代は気力も体力も充実しています。**自分のために時間を使えるときであり、幾度となく困難に見舞われ立ち直った経験も役に立つ。**

素直になって学び直しをすれば、今から夢に近づく。夢を叶えることができます。

▼自分の気持ちに素直になって「学び直す」

3 「人生のモデル」を持つ

私は、怒りに身を任せて言葉を発することはしないと決めています。

「怒りは、人生の在庫時間の無駄遣い」と考えているからです。

そう考えるようになったのは40代半ばで、「人生のモデル」となる人物を知ったからです。

当時は、夫から引き継いだ、借金だらけの会社に大ヒット商品が生まれ、経営が軌道に乗った時期でした。ヒット商品の誕生は喜ぶべきことでしたが、粗悪で安価な類似品を生むことにもなりました。

いくつもの類似品が流通し市場が荒れて、結果、お客様の混乱を招く事態になりました。

対抗措置はとったものの一向に事態は収拾できません。

そのときの私は、怒りと嘆きで部下や身近な人にも当たり散らす始末。

「なぜ私だけこんな目に遭うの!?」と不運を恨み、心がすさみました。

そんなとき、一冊の本に出会いました。宇野千代先生の『幸福を知る才能』（集英社文庫）です。


「私が一番嫌いなのは、そう大して不幸でもないのに、自分をよっぽど不幸だと思わないと安心出来ないような人である」


この一節に触れた瞬間、「これは今の私の姿ではないか？」と思ったのです。

そう考えたら「類似品が出るのも我が社の商品が売れているから。注目されているなんて、すごい」と受け止め、周囲への配慮に欠けていた自分の態度も改めました。

そしてどの写真も笑顔でお洒落で可愛い「宇野千代先生」を人生のモデルに決めたのです。

「生きることは行動すること」という先生のご本にあった言葉が、生き方の指針にもなりました。年齢を重ねるほど挑戦心をたぎらせ行動的になり、失敗を恐れず「やりたいことをやる！」と決めたのです。

以来、人生の在庫時間をムダにする「怒り」とは手を切っています。

それでも怒りが生じたら、宇野千代先生を思い出し、口角をあげ「笑顔」を浮かべるように心がけています。「怒りを笑顔で上書きする」というわけです。

すると、日々を心豊かに過ごせるだけでなく、明日が待ち遠しくなります。

「人生のモデル」は、どんな年齢になっても大切な道標となってくれますよ。

▼怒りは人生の在庫時間の無駄遣い。「笑顔」で上書きする

4 適度な「体育会系」への転身で筋力を守る

学び直しは勉強や文化系、さらには生き方のことばかりではありません。

「体力づくり」も立派な学び直しです。

当たり前ではありますが、体育会系へのチェンジは、健康維持の面から見てもおすすめです。

サルコペニアという言葉をご存じでしょうか。これは「加齢による筋肉量の減少および筋力の低下」を指すもので、「65歳以上の高齢者の15%程度が該当すると考えられて」いるそうです。「筋肉（筋力）は40歳頃から少しずつ減少」するという報告もあり（山田実筑波大学人間系教授「サルコペニアとは」／健康長寿ネット）、とても他人事ではありません。

そこで私は51歳の誕生日を機に、読書や映画、演劇を愛する「文化系」から、ストレッチやスクワット、ジョギングなどに親しむ「体育会系」に転身しました。

「運動機能は命を運ぶ柱」。足腰に不安があったら転びやすくなるし、歩くことが億劫になりやがて動けなくなるかもしれません。

そこでパーソナルトレーナーについて、私に合ったストレッチとスクワット法と「正しいジョギングのフォーム」を教えてもらうことにしたのです。

早朝の時間をこうした運動に費やす。毎朝決まった時間に行えば、運動機能の働きや体調の変化に敏感になるに違いないと考えました。

体育会系デビューの日は、ストレッチで身体をほぐし1キロのジョギングからスタート。最初はゆっくりでしたが、「もっと走りたい。気持ちいい」と体が喜んでいる感じでした。

そして2キロ、5キロと少しずつ距離を伸ばし、今は毎朝7キロ走っています。

「無理しているんじゃないの？」

そう思う方もいるでしょうが、ご心配には及びません。

気持ちいいから走る。

走った後の達成感を知ってしまったから、やめられないのです。

ゴルフやテニス、ボウリング、山登りなどを「学び直し」に選んだならば、レッスンプロや詳しい人にスイングやフォーム、さらに必要な装具なども見てもらい、体に負担がかからないように正しく始めましょう。

体育会系の学び直しこそ、スタートが肝心です。

たとえ、過去にそのスポーツの経験者であっても、ブランクがある場合は、最初はプロについて「今の自分に最適なやり方」を教えてもらうことをおすすめします。

そしてケアにも目を向けてくださいね。私は整体とマッサージ、鍼を受けています。

それぐらい体に投資することで、自分がやりたいことをあきらめずにいられる体力と気力を保ちたいのです。

毎朝7キロ走るのは、年齢を重ねても自立した生活をするための基礎。欠かせない習慣です。

▼体に投資し、体力と気力を保つ

5

「愛嬌」を学び直す

皆さんに学んでほしいもののひとつに、「愛嬌」があります。似た言葉に「愛想」がありますが、意味が違います。

小学館辞典編集部で編集長を務めていた神永曉さんによると、「愛嬌」は「見る人に、かわいらしさ、ひょうきんで憎めないようすなどを感じさせる要素や仕草などを表す語」で「その人の持つ印象や雰囲気」、かたや「愛想」は「人によい感じを与えるために示す態度やもの言い」で「具体的な動作」を指すそうです（ジャパンナレッジ「日本語、どうでしょう?」第１１５回）。

仕事を円滑に進めるための「愛想」は身についているけれど、「愛嬌」は持って生まれたもの。ビジネスパーソンとして経験を積んできた方の中には、そう考える人もいるに違いありません。

「愛想」はよくても「愛嬌」が足りない状態、です。

しかし、**「愛嬌」は、自分よりも若い世代や会社を離れたコミュニティでの関係性づくりに必須。**親しくなるきっかけづくりに欠かせないものです。

愛嬌がある人は親しみやすく話しかけやすい。一目で、ひと言で、旧知の仲になるような魅力を醸し出すといってもいいでしょう。そういった意味で、愛嬌は**できるだけスムーズに人間関係を構築する時間術の策**ともいえます。「持って生まれたもの」なんてあきらめず、アップデートしていけばいいのです。

愛嬌が足りない人はなかなか話しかけてもらえませんし、本音の交流もできません。

私がそのことを痛感したのは47歳のときです。

「今だからいえることだけれど、臼井さんは近寄りがたい雰囲気で、会合で一緒になっても声をかけにくかった」と同業者の方にいわれたのです。

私にはそのつもりはありませんでしたが、「肩書」や「経歴」が与えるイメージから「生意気な人間」に映っていた。自分は「愛想」はよくても「愛嬌」が足りなかった。

そのことに気づきました。

以来、人間関係は**「偉ぶることも媚びることもなくフラット」**を心がけました。

そう意識するだけでも、誰とでも初対面から打ち解けて会話が弾むようになって、若い友だちもできましたし、彼らから新しい世界を学ぶようにもなりました。

今では「お茶目で話しかけやすい臼井由妃」に変身です。

責任者を任されるようなポストや年齢になったら、いじられキャラを演じたり一緒に笑ったりしながら、「なかなかやるな」と若い人のいいところや魅力を発見し、同時に「愛嬌」に磨きをかけていったらいかがでしょうか。愛嬌を心がけて、自分ができないことは甘えて頼ってお願いする。やってもらったことには、素直に感謝する。

そういうコミュニケーションをとれば、お互いに相談もしやすいでしょう。

周りの人に素直に甘えられる人、憎めない人だと思われる存在になれば、人に好かれ人間関係もうまくいく。**巡ってくるチャンスも増えます。**

愛嬌とは、そうした素直に甘えられる潔さだと思うのです。

▼愛嬌とは素直に甘えられる潔さ

6

「読書の目的」を変化させる

30代半ば、私は知識や教養を早くたくさん吸収したくて、1日1冊は経営や経済、法律に関するビジネス書を読むことを課していました。

週末は3冊、1年で1000冊あまりを読んだ年もあります。当時は「速読ブーム」もあり、**速く読むことが優れていると信じていた**のです。

当時の私が何を得たかといえば、「キャッチーな文章」や「知らない言葉」「ベストセラーの傾向」などで、**振り返れば本への理解度が足りませんでした。**

そのことに気づいてから、「コスト・パフォーマンス」や「タイム・パフォーマンス」は考えずに、難解な言葉や文章に出会ったら意味を調べたり、「著者の考え方や行動はこうだけれど、自分だったらどうするか?」と突っ込みを入れたり、丁寧に1冊を終えることを意識しています。

また、感じたことや本から想起したアイデアを付箋に書いてページに貼り、読後にもう一度確認したりもします。これは**自分自身と向き合う時間**でもあります。

かつて読んだ本も時を経ると、理解できなかった登場人物の心情が理解でき、当事者意識に変化することもあります。

55歳からの読書は、「知識吸収」から「生き方の投影」と軸足を変化させることを考えましょう。ビジネス書や自己啓発書、歴史書、小説……本には著者の考え方や行動、生き方が投影されています。ゆっくり丁寧に読むという行為を通じて、**書き手の「人生を読み取る」**。それが読書の新たな目的になります。

そして、役立つ生き方や考え方は自分の人生に活かしたり応用したりする。反面教師になる要素もまた学びとする。本は「人生後半のよき先生」になってくれます。

時間をかけて丁寧に本を読む「遅読」に切り替えてから、一冊一冊が愛おしく自分の糧になっている。本で学んだことが財産になっていくと、実感しています。

▼突っ込みを入れながら読書すると理解が増す

7 趣味に本腰を入れて、実益にする

近い将来の年金生活に備えて、「趣味で実益を得たい」という方が増えています。私もこのテーマで書籍を書いたり、雑誌の取材を受けたりする機会が増えてきました。

確かに「年金プラス３万円～５万円」あったら、**金銭的なゆとりはもちろん、「人生後半」の励みにもなりますよね。**

ハンドメイドが好きな方なら、作品を専門に売買するサイトを利用し、ネット販売することで趣味をお金に換えられます。

イラストや絵が趣味という人は、販売サイトに登録して作成した絵を販売するのもいいでしょう。印刷物やＬＩＮＥのスタンプ作成という手もあります。自社媒体での使用でイラストを求める企業も多いですし、個人でも、ブログやＳＮＳで使うイラストを購入したいと考える人もいます。

カメラが趣味なら、撮影した写真を販売サイトに登録し有料素材として販売することで、お金に換えることができます。また、Ｚｏｏｍ等を利用してレッスンや授業を行う**オンライン講師も需要が高まっている**そうです。料理や資格取得、英会話、楽器演奏、ヨガ等、ジャンルは多岐にわたります。

海釣りが趣味ならば「釣った魚のさばき方」、長年の趣味が蕎麦打ちならば「ゼロから始める蕎麦打ち講座」、ヘアアレンジが得意な人は「３分で完成。５歳若返るスタイリング」とアイデアは広がりますね。ワンちゃん好きな友人は、飼い主の留守や都合で世話ができないときにペットの面倒を見る「ペットシッター」をしています。

単に楽しむための趣味を否定はしませんが、人生の在庫時間は限られています。**その時間をお金に換える、そして楽しみもついてくる。**そういう視点で趣味をとらえていけば、上達も早いですし楽しみは倍増します。

定年後を見据えながら、趣味を仕事にしてお金に換えていきましょう。

▼お金になる趣味は想像以上に存在する

8

挫折したことに再挑戦する

誰にもひとつやふたつは、「長続きせずにやめてしまった学び」があるのではないでしょうか。以前はうまくいかなかったことでも、**年齢を重ね社会経験を積んだ今だからこそできることがあると**、私は捉えています。

それに、「やらずに後悔するよりもやってみて後悔する」ほうが、何倍も楽しい人生になる気がしませんか。

仮に再挑戦してうまくいかなかったとしても、それは時間の無駄遣いではありません。**時間の主導権を握り、やりたいことを選択して自分時間を余裕で楽しむ。**人生後半の時間の在りようです。

スコアがよくなかったゴルフやボウリング。時間がなくて中断した英会話やピアノのレッスン。お金も時間もかかるから断念したスキューバーダイビング、教材を購入したものの「独学では無理」と判断した資格取得などなど……いろいろありますよね。

キャメロン・ディアスが好きで、吹替なしで彼女自身の声で映画を楽しみたいと語っていた知人は、英会話の個人レッスンを受け7年後にその夢を叶えました。「ガーター王」と自虐していた知人は週に3回ボウリング場に通いプロの指導を受け、3年でスコア200を超える名人に変身しました。「あのときはダメだったが、今はできる」という経験は大きな自信になり、今後の人生の原動力にもつながります。

資格取得や英会話の習得によって、定年退職後の仕事の選択の幅を広げることも可能です。さらに、音楽系の趣味を極めライブ活動をして収入を得たり、運動系の趣味ではインストラクターになったり。可能性は無限です。

心には見えない安全装置があって、危険なことは察知して回避するものといわれます。

だから安心して、過去に失敗したものに再挑戦しましょう。

▼「今はできる」という経験が自信を与えてくれる

9

「笑顔」と「姿勢」に気を配る

年代に関係なく「笑顔」と「姿勢」は大切です。それは「見た目」に大きな影響を与えるからです。

見た目といっても、エステで美肌になるとかブランド品を身につけるということではありません。

見た目とは、相手に与える第一印象。

大事なのが、お洒落よりも「笑顔」と「姿勢」なのです。

「笑顔」は人柄のよさや親しみやすさ。「姿勢」は真面目さや賢さなどを相手に印象づける大切な要素です。このふたつを兼ね備えた人は、間違いなく好かれます。

自己主張や自己アピールなどしなくても、「素敵な人」「仲良くなりたい」と好感を持って迎えられます。**親しくなるのに時間が要らない人、時間密度の濃い人といって**

もいでしょう。

ビジネスパーソンには、威厳を保とうとしてか笑顔を見せない人もいます。特に男性の管理職に、その傾向があるようです。

上手に笑顔を見せられない人は、「笑顔を学んでいない人」といってもいいかもしれません。そこで、これまで「笑顔」を学んでこなかった方に、とっておきの方法をお教えしましょう。

鏡を前にして「憧れの人」に偶然出会った場面を想像してみてください。気持ちが高揚して、思わず笑みがこぼれるはずです。

鏡に映る笑みを見て、あなた自身も幸福感を覚えるでしょう。

笑みを学んだら、次は笑顔をつくるレッスン。

コツは口角を上げること。口を「い」の形にして、頬を持ち上げるように意識します。イメージしにくい方は、割りばしをくわえてみるのも策です。

ちなみに我が家の洗面台にはいつも割りばしが置いてあり、歯磨きをするたびにくわえて笑顔のレッスン、「割りばし笑顔」を続けています。

そして「姿勢」ですが、スマホやパソコンの影響でしょうが、猫背の方が多くしょぼくれた印象は否めません。「気をつけ！」というかけ声と共に姿勢を正した子ども時代に倣い、「姿勢」に気を配りましょう。

背筋を伸ばしよい姿勢でいることで、気持ちも爽快になりますし、見た目の印象もぐんとよくなります。また姿勢をよくすることは血行を促し、肩こりや首のこりの予防にも効果があることは、よく知られています。

「笑顔」と「姿勢」に気を配ることには、時間もお金も手間もかかりません。

それだけで「見た目がよくなる」のに、実践している方は少数派ですから、やらない手はありませんよね。

▼見た目に重要なのはお洒落よりも「笑顔と姿勢」

10

配信を先生にする

ワクワクするものや興味を抱いたことを、「自分時間」に「自分のペース」で学べるのが大人の勉強のよいところです。

政治や経済について学び直したり、クイズ番組に影響されて雑学王を目指すのも楽しいでしょう。宅建士や社労士、キャリアコンサルタントといった資格試験に挑戦するのもいいですし、話し方を学ぶ、料理の腕を磨くなどスキルアップをはかるのも楽しいものです。

ただし、「大人の勉強」だからこその落とし穴もあります。

それは、お金や時間に余裕がある分、学んでみたいという気持ちのままに、下調べをほとんどしないで教材購入や講座申し込みに走ってしまうということ。

「こんなはずではなかった」「お金も時間ももったいなかった」と自分の無計画さに

がっかりする可能性もあります。

そこで活きてくるのが動画サイトのユーチューブ。学びたい世界の第一歩を、ユーチューブを先生として知るのです。

時間をムダにしないためにも、まずは配信でチェックしましょう。

ここで大人世代に役立つだろう、学びのジャンルを紹介します。いずれも、私自身も学んでいるものです。

- **副業**：未経験でもハードルが低い在宅系の副業。実際に稼いでいる人の体験談など
- **大人の勉強**：転職やスキルアップに役立つ勉強。それを効率よく学ぶテクニック、記憶力を高める方法。自分が持つ情報のアップデートなども
- **人生後半の働き方**：60歳定年としている企業がいまだに多い中、ビジネスパーソンとして人生を全うするにはどうしたらいいのか。体験者の生の声を聞けるのは、動画サイトならでは
- **税金の仕組み**：職業によって異なる節税法。数字に強くなるための学びなど

・年金：役所の案内や書籍ではわかりにくい、年金の基本的仕組みと年金収入の現状

・健康：自分で行うストレッチやリハビリ。健康寿命を延ばす方法。ストレスとの上手なつき合い方など。生涯現役で働きたい人の「お守り的役割」

個人の好みもありますが、チャンネルを選ぶ目安としては、その道のプロであること、配信ペースが一定していること、視聴回数やチャンネル登録者数とコメントのバランスが取れていることなどがあるでしょう。

▼「動画サイト」には学びたい世界の第一歩がある

11

配信で先生になる

人生後半の時間術では「ゴール（最期）から逆算して、今やるべきことを最優先に行動」するのが大事。その「今やるべきこと」で、**「自分の知識や知恵を誰かに伝えたい」「教えたい」**を挙げる人は多いものです。

しかし、教える場がないと二の足を踏んでしまう人も多くいらっしゃいます。そんな人には、声のみで始める配信アプリstandfm（スタンドエフエム）をおすすめします。

私も活用していますが、スタンドエフエムはリスナーからの質問を募集する機能を持った、ラジオ番組に近い形の配信アプリ。投げ銭システムを導入しており、再生回数やサブスクリプションなど、さまざまな形で収益を上げることもできます。

リスナーとの双方向のコミュニケーションがはかれるので、たとえば「話し方講座」

「簡単料理」「占いチャンネル」「フランス語講座」など自分の得意分野でチャンネルを開設している人が多くいます。年齢や職業に関係なく、自分が先生になって教える楽しみを味わったり世代を超えた交流をはかることができます。

スマホひとつで始められますから、何かを教えたい・伝えたい方はまずはスタンドエフエムから始めるのもいいでしょう。

アプリをダウンロードしてチャンネル名、簡単なプロフィール、アイコンを決めたら準備完了。10分もかかりません。それで自分のラジオ局がつくれるのです。

また、フォロワー数が他者から見えないのがスタンドエフエムの特徴ですから、数字にとらわれることなく、自分のペースで配信できるのもいいですね。

配信のコツは定時、決まった曜日にするのが、リスナーの定着をはかれていいようです。

私は毎日19時に「心に明かりをともすちょっといい話」を7分収録配信。

毎週金曜日20時からはスタンドエフエムがきっかけで知り合ったさまざまなジャンルで活躍している起業家や専門家をゲストに迎え、1時間のライブを開催しています。

音声配信というと「Ｖｏｉｃｙ」が馴染み深いという方も多いと思いますが、「Ｖｏｉｃｙ」では厳しい審査に通った人でなければ配信者になることができず、ハードルが高めといわれています。

一方、誰もが配信者になれるというのはスタンドエフエムの大きな魅力です。チャンネル開設がきっかけで**地元ＦＭ放送のパーソナリティーになった人、講演依頼が来た人**などもいるそうです。

私も、講演や執筆、ラジオ出演依頼が増えましたし、20代、30代といった異なる世代と話をする機会が増え、考え方や意識を学び執筆のヒントにもなっています。同世代からは共通して抱える悩みや強みを知り、仕事の参考となるエピソードは増える一方です。

▼スマホひとつで始められる音声配信で「先生」デビューをしよう

12 「美しい日本語」を意識する

人は基本的に話を聴くのが苦手です。話すよりも聴くほうが好きという人でも、脈絡のない話を1分も聴かされたらイヤになります。流行語や業界用語、横文字のオンパレードでは、聴く気持ちになりません。

どうしたら確実に話に耳を傾けていただけることができるか？　そのカギが「美しい日本語」を意識することです。

たとえば、「難しい」ではなく「ムズい」という表現。若い世代には当たり前の言い方かもしれませんが、違和感を覚える世代が多いのも事実です。また、「フツウに美味しかった」という言い回しも、「美味しいのかまずいのか、そこそこなのか」と困惑する層もいるでしょう。

本来「あぶない」を意味する「やばい」は、今や「驚いた」「面白い」「怪しい」「かわいい」「すごい」「美味しい」……といった意味で使われます。感情をどう表現したらいいのかわからないとき、とりあえず「やばい」を使うという人もいます。

　このように普段何気なく使っている日本語も、年代や相手によっては通じないどころか、誤解を招くこともあるのです。

　言葉の乱れを声高に叫ぶことが本書の主旨ではありませんが、一定の層にしか響かない表現や言葉を使うのは、**時間と労力の無駄遣いの上に誤解を招く。これほどもったいないことはありません。**

　特別に丁寧でなくても、美しい日本語が身についていると、礼儀正しく見られるだけでなく、信頼できる人と思われます。

　また「相手への気遣い」から生まれる、**「お忙しいところ恐縮ですが～」「お時間が許すようならば～」**というような、いいにくいことを柔らかな言葉＝「クッション言葉」を挟んで伝える表現もあります。

　改めて日本語に向き合うと、多彩で豊かな表現力を持つ言語だと気づく。知っているようで知らないのが、日本語ではないでしょうか。

配信のためだけでなく、ビジネスでのメールのやり取り、ブログやSNSへの投稿でも、相手を思いやる心が感じられる、きれいで優しい、自分らしい表現ができれば、好感を抱いてもらえます。

美しい日本語を学ぶためにおすすめしたいのが「メモ」です。

書籍や新聞、各種メディア、日々の会話などで素敵な言葉に出会ったら、私は即メモ。

実際に声にしたり、書いてみてしっくりくるかを確認して、使っています。

そうやって「言葉の引き出し」が増えていくと、自然とトーンやリズム、間《ま》などにも気を配るようになり「美しい日本語」が習得できます。

美しい日本語を話す人は美しい心を持った人。たちまちその魅力が伝わります。

▼きれいな日本語を話すと礼儀正しい、信頼できる人と思われる

13

自治会・町内会で役員になる

私は現在、マンション管理組合の役員として、イベントの運営や防災活動、地域のお知らせの配布などを行っています。その中で重要な仕事が、情報の共有。ゴミ出しのルールから防犯や防災面まで、生活していく上で必要な情報を共有することで、より快適で安全な生活を守ることができます。

輪番で初めて役員が回ってきたときは、「1年の任期の間に、面倒なことが起きたら困るなあ」と正直、乗り気ではありませんでした。

しかし、役員になったことで「自分たちの住む地域を、自分たちで守る」という意識が高まりました。役員同士はもちろん、他の住民との交流も深まったのです。**隣近所に住む人の顔がわかっていることが、いかに安心か**も理解しました。

前述したように、私が急病になったとき、助けてくれたのは町内会の世話役さんでしたし、すごい物音にただならぬ事態が起きていると感じ倒れている隣人を見つけ、救急車の手配をしたこともありました。

自治会・町内会や管理組合等に対して不要論が唱えられることもありますが、「災害や急病時など万一のときに適切に機能できる」のも日常的に活動しているからです。

自治会・町内会やマンション管理組合といった身近なコミュニティで役員になるのは、「地域を知り、人間関係を豊かにして、緊急時の対応にもひと役買う」意味があります。役員に推挙されたり輪番で回ってきたら、敬遠せず、いいチャンスだと積極的に関わることをおすすめします。

それに役員会は、地域にもよりますが、多くて月に一度、普通は隔月に一度程度のようです。それほど時間が取られることがなく、地域の魅力を知る。防災意識が高まる。万が一の時の助けがすぐそばにいる安心感が得られる。「身近なコミュニティ」で役員になると、かけた時間以上のメリットがもたらされます。

▼知見を広めるいいチャンスと捉える

14

「やり直しの回数」を増やす

「加齢で脳が衰えるのは残念ながら避けられません。しかし筋肉と同様、トレーニングすれば何歳からでも脳を鍛えることができます」

記憶力日本選手権大会最多優勝者の池田義博さんの言葉です（「東洋経済オンライン」２０２０年1月3日）。

実体験としてもうなずけるものがあります。

私は40代になってから国家資格の「宅建士」、翌年は「行政書士」と、**20代、30代の若い受験生に交じっていずれも一度の受験で合格**しました。これは私が特別な才能を持っているからではありません。

「年齢だから記憶力が衰えて、勉強は無理」という人がいますが、それは違います。

図3-1 要注意ノートの例

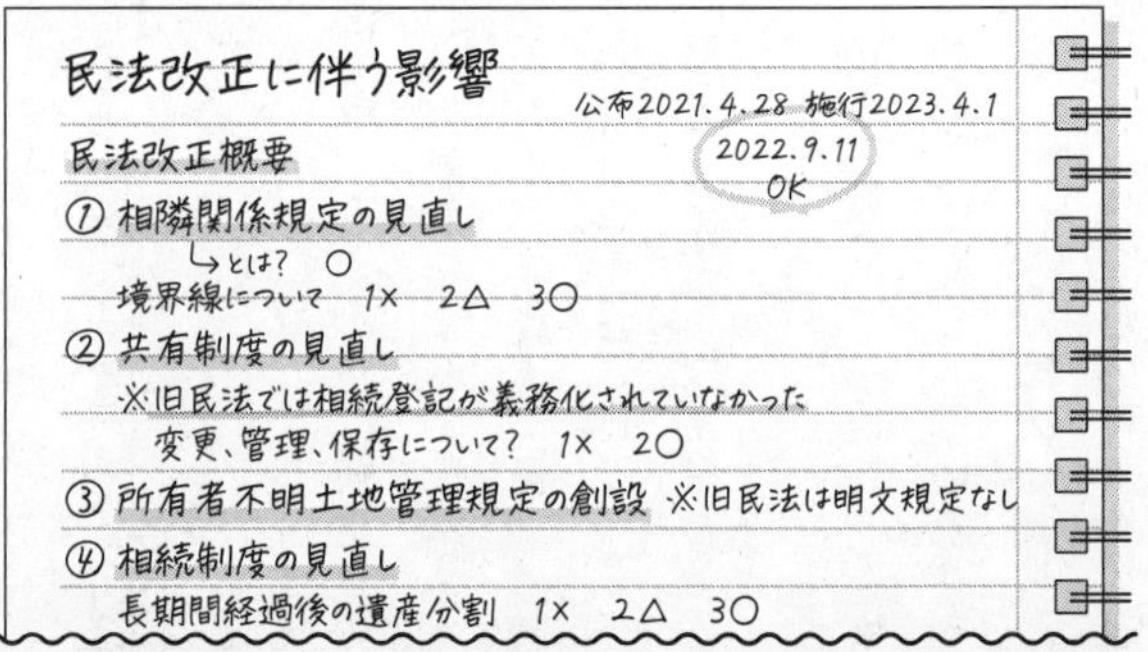

民法改正に伴い関係する法令が多くあり、
この1年は覚えることアップデートすることばかりです。

何度も覚えては忘れ、また覚えるを繰り返すことで記憶は定着するといわれます。

ということは、3回勉強して覚えられないならば、4回、5回と「やり直しの回数」を増やせばいいのです。

それでも覚えられない、同じミスを繰り返すこともあるでしょう。もちろん、私もありました。

そこで記憶できない事柄やミスしがちな箇所の「キーワード」や「数字」などを、「要注意ノート」と名づけたB5判のノートに記し、意識づけをはかりました。

そして克服できたらノートに「はなまる」をつけ、自分をほめる。いつもよりランチを豪華にするなど「ご褒美作戦」も行いました。

出題範囲が多岐にわたる**資格試験の対策には、同じ過去問集を2冊用意。**

1冊は自宅での学習用。もう1冊はバラバラにしシャッフルして数枚を携帯。電車の乗り換えなどちょっとした時間に解いていました。

この**「バラバラ過去問集」**の利点は、たとえば「民法」と「一般常識」というようなジャンルが異なる問題を前にしても慌てず切り替えが即できるようになることです。対応力がアップし、本試験で大いに役立ちました。

また、席が確保できる移動時間には、過去問アプリを使い勉強したものです。

そうこうするうちに**「学びは楽しい。楽しいから覚える。成果が生まれる」という循環**が生まれ、学ぶことに貪欲になりました。

今なら、効率のいいタイミングで復習する時期を知らせてくれるアプリもあるようです。これらを活用するのもいいでしょう。

意欲さえあれば、人生後半から難関の資格試験に合格することも、難しいジャンルのスキルを高めることも十分できます。

私の周りには定年が現実味を帯びてくる頃から、学ぶ意欲に溢れる方が本当に多い。お金と時間がある程度自由になるから、「学ぶなら今」と。

人生のゴール（最期）から逆算して、今やるべきことの最優先に「学び」を選ぶ。

人生後半の学びは、本当に楽しいという方ばかりです。

政治学を極めたいと48歳で大学院に入学したラジオ局のプロデューサーや53歳で幼少期の夢だった保育士試験に合格した公務員。イギリスに語学留学した友人や、ジャズピアノを学びたいとアメリカに飛んだ元教員もいます。

専門性を深め定年後は独立を目指すタイプと、現在の仕事とは別の世界を切り開くタイプというように、学ぶ方向は違いますが、皆いい顔をしています。

▼学ぶ意欲があれば難しいジャンルのスキルも高められる

15

「朝の時間」に勉強する

資格取得や認定試験の合格を目指すための**勉強計画の最優先事項は、「睡眠時間の確保」**です。

勉強はその目的によって異なりますが、基本的には長丁場。

30代、40代は多少の無理がきくかもしれません。一方、50代以降となれば、健康自慢な人でも、以前よりは体力の衰えは否めないでしょう。個人差はありますが、1日7時間程度はしっかり睡眠をとるようにしたいものです。

そのためには、**就寝時間と起床時間を先に決める**ことをおすすめします。

私は基本、夜の8時に就寝、朝（明け方）3時起床の7時間睡眠です。

3時から5時までの2時間を、宅建士、行政書士としての勉強時間としています。

持っている資格や知識を錆びつかせないよう、最新情報の確認や税金や年金、起業に関する法改正等を勉強するのです。

仮に毎日２時間の早朝勉強でも、半年続けたら３６０時間。これは「宅建士合格」に必要な一般的な勉強時間といわれる長さです。さらに１年継続したら７２０時間、「行政書士」や「社労士」に十分合格できるといわれる勉強時間になります。

年齢と共に早起きになったという人は、それを活かし勉強にあてるのがいいでしょう。**邪魔も入りにくい早朝の勉強は、深夜の勉強より３倍身につく、というのが私の実感**です。

脳科学者の茂木健一郎さんは、「朝イチバンの脳は、昨晩までに入手した記憶がリセットされ、新たな情報の受け入れ態勢が完了している状態」で、「朝目覚めてからの３時間」は１日の中で人間の脳が効率よく、もっとも活発に働く「ゴールデンタイム」と著書で語っています（『脳を最高に活かせる人の朝時間』河出文庫）。

私にいわせれば「勉強のゴールデンタイムは早朝」です。

早朝は、電話もなければＬＩＮＥも来ない。静かな環境で自分だけのために時間が使えます。

時には、出勤途中にカフェでモーニングを食べながら勉強したり、首都圏では早朝からオープンしている「勉強カフェ」を利用するという策もあります。

近年は、「パソコンとスマートフォンから、国家試験の過去問題や、民間試験の予想問題を１問１答形式で解くことができる学習アプリケーション」もあります。ランチ休憩中にこうしたアプリで学ぶのもいいでしょう。

移動中のスキマ時間には前述の「バラバラ過去問集」を活用するのが、おすすめです。まだまだ仕事もあるし家族サービスもしたい方は、**平日の勉強時間は「早朝の２時間だけ」と決めてしまってもＯＫ。**

家族が寝ている間ならば、気を遣うことなく勉強に集中できますね。

▼勉強のゴールデンタイムは早朝

16

「3カ月」で取得できる資格を目指す

「おすすめの資格はありますか？」
「これから何を勉強すればいいと思いますか？」
最近、50代の方からよく聞かれる質問です。

時間に余裕が生まれる50代は、休日をすべて勉強時間にあてて「難関資格」に挑むこともできるでしょう。

でも、合格に長期の勉強時間が必要となる資格よりも、私がおすすめしたいのは「3カ月の勉強」で取得できる資格です。

3カ月以上の勉強時間を要する資格は一気に難易度が上がる一方、それ以下で取得できる資格は、一般に、あまり役に立たない場合があるからです。

3カ月集中すればとれる資格ならば、勉強のハードルがそれほど高くなく、武器になります。

たとえば「宅建士」「ITパスポート」が狙い目。

他に「医療事務」「登録販売者」などの医療系は現在も人手不足かつ景気や社会情勢に左右されにくい資格ですから、穴場といえるでしょう。

勉強には、自宅のほか、「公立図書館」や「有料の自習室」などを利用するのもおすすめです。

40代で資格試験に挑んでいた頃、私も活用しましたが、一心不乱に勉強している若者も多く、そんな彼らの姿に背中を押され、

「記憶力は（私は）劣るかもしれないが、やり直しの回数でカバーするから大丈夫」

と、勉強意欲が高まりました。

また、思うように勉強が進まずスランプになったときには、「みんなも苦労しているんだよね」と自分を奮い立たせました。

ただし、いくら3カ月集中とはいっても勉強漬けではストレスが蓄積します。

本試験で力を発揮できない状況にもなりかねませんから、土曜日の勉強は午前中で切り上げ、午後は運動をしたり食べ歩きをしたり、ライブに行くなど、全力で楽しむ時間にあてていました。

家族がいる方は、土曜の午後はパートナーとデート、日曜の夜は家族で外食するなどと決めて、**勉強への理解を家族から得られるように努めましょう。**

夫の勉強する姿に刺激を受け、「彼がＩＴパスポートを目指すならば、私は登録販売者」と勉強を始め、ふたりとも一度の受験で合格。今は副業として、月10万円以上を稼いでいるご夫妻もいます。

勉強意欲に溢れる方は、夏休みやゴールデンウイーク、お正月休みなど長期の休日は、大いに勉強すると考えるでしょうが、「詰め込み学習」は50代には絶対におすすめしません。

体力や気力に合わせ、くれぐれも無理はしないことです。

普段の勉強スケジュールを崩さず学ぶことを心がけましょう。

たとえば平日は早朝2時間。土曜日と日曜日は午前中。まとまって勉強時間が確保できるときには45分勉強したら5分休むなど、上手にコントロールしながら勉強にあてるのがいいでしょう。

勉強のタイムスケジュールは固定するほうが、生活リズムが整い、本試験で実力を発揮できるものです。

▼休日の「詰め込み学習」は避ける

17 ビジネスパーソンこそ「家事」にトライする

家庭は百人百様。率先して夫が家事を担っているお宅もありますし、妻が家事一切を行っているお宅もまだあるでしょう。

私は、ビジネスパーソンにこそ家事を学ぶことをおすすめしたいと思っています。

『なぜ妻は「手伝う」と怒るのか』（佐光紀子／平凡社新書）では、夫が家事を行う際のヒントを次のように説いています。

「『妻を喜ばせるための手伝い』という発想を一度捨ててみてはどうだろう」

「かわりに彼女を喜ばせるためではなく、自分が、そして、家族が快適に楽しく暮らすために家事を分担する、と発想を切り替える」

この論に、私は全面的に賛成です。「妻を喜ばせるための手伝い」という発想は捨てて、人生後半の暮らしの質を高めるために、家族が快適に暮らすために、パートナーに先立たれたり、介護をする立場になったときのために**「家事を分担する」という考え方にシフトチェンジ**しましょう。

それはパートナーと自分の時間を大切にする、貴重な人生後半の時間を育む共同作業でもあります。

経験を積み上げてきたビジネスパーソンは、仕事の準備や段取りに抜かりがありません。知的好奇心が旺盛で成果（ゴール）から逆算して、どう進めたら効率よく確実にできるか、スケジューリングができています。情報収集能力がありその方法も常にアップデートし、最善の策を決めることができます。

家事も同じで、準備や段取りが決まればできたのも同然ですから、**仕事ができる人は「家事のプロ」になる素質を持っている**のです。

それにビジネスパーソンが家事に関わることは人手がプラスされる、知恵が増える分、**「家計のコストダウン」**につながります。

これまで家事に関わってこなかったビジネスパーソンも、少しずつ数をこなして質を高める。料理、洗濯、掃除、買い物、ご近所づき合い、家事を役割分担するのが、人生後半に向けた夫婦の在り方だと思います。

シンクや窓ガラス、お風呂、靴など「磨きものは任せて！」というのは、リフォーム会社で管理職を務める知人。「終了後の達成感がたまらない」と彼がいうのは、仕事に通じるものがありますね。

リモートワークが増えたことを機に、家事を当番制にしたご夫婦は、「文句はいわない」「どうしてもできないことは相談する」「当番は楽しむ」とルールを決め実践。パートナーのありがたさを改めて感じているといいます。

営業職の知人は、ご近所づき合いが苦手な奥様に代わって、休日行われる町内会の集いや催事に積極的に参加。会合の運営や催事の司会などを務めています。

単身赴任で家事の腕を磨いた知人は、活かすのは今からだと、「料理と洗濯を自分に任せてほしい」と志願し、奥様は快諾。

「買い物は、経済の動向を知る生きた勉強」と、食品や日用品の買い物を引き受けたのは、金融機関に勤める知人です。

奥様の長期入院がきっかけでまったく家事に関わってこなかった友人が、洗濯・掃除と少しずつ始めたのですが「大丈夫？」と尋ねると、**「妻から預かった家事ノートがあるからできる」**と教えてくれました。

その「家事ノート」には、ゴミ出しや公共料金の支払い、預貯金の管理、簡単な料理レシピや掃除機・洗濯機の操作法、キッチンや掃除、洗濯等で使う道具の置き場所、「トイレットペーパーならばダブルタイプの○○社製」といった愛用銘柄などが、家事初心者の彼が困らないように、イラストを交えて書いてありました。

素晴らしい奥様ですね。感心しました。

「妻の期待に応えたい、退院してからもできる限り続けていく」と彼はいいます。

仕事と違って、家事はゴールラインが明確ではありません。

だからこそ工夫を凝らし知恵を働かせ遂行していくビジネスパーソンは、ハマる。

家事が面白くなる可能性が大です。

▼知的好奇心旺盛なビジネスパーソンは家事のプロになる素質を持っている

18 「恋活」をしてみる

シングルの方におすすめしたいのが「恋活」です。

恋活は労力や時間はかかりますが、若々しさや健やかさといった、人としての魅力を高めるだけでなく、コミュニケーション能力を高めることにもつながります。

結婚では「妻」「夫」という安定した地位を手に入れることができますが、権利と一緒に義務やしがらみが生じます。相手の家族や親戚もそのひとつでしょう。

夫婦としてはうまくいっていたのに、相手の家族や親戚とうまくいかずに離婚する人も当たり前にいる世の中。相手の親の介護やお墓の問題も考えると、**「生涯独身」や「再婚しない」**というシングルの選択は、**間違ったものでないと思います。**

特に死別後の再婚の場合、元の配偶者が眠っているお墓に入るのは、抵抗があるという人が多い。私は33歳で先妻と死別した会社経営者に嫁ぎましたが、「私が死んだら樹木葬でお墓は別がいい」と考えていました。

心から信頼できるパートナーがいれば形にはこだわらないという方は、「結婚を前提としないおつき合い」があっていい。子育てがない世代であれば、もっと恋愛に自由でいいと思います。「恋の学び」といってもいいかもしれません。

同世代の知人には婚活でパートナーを得て結婚した方もいますが、うまくいっているのは「お互いが初婚である」「お互いの両親が死去している」「双方ともお子さんがいない」など、ある意味身軽な方同士です。年齢を重ねた方の婚活は自由なようでいざ結婚になると、こうした条件が整っていないとうまくいかないようです。

むろん人それぞれではありますが、私は、結婚を前提にする「婚活」よりも、**形にとらわれない「恋活」を選択したほうが、無理がない**と考えています。

恋する心は美しい。愛する心は尊い。人を好きになる気持ちに年齢は関係ないですから、心ときめく方が私にも現れるかもしれません。でも、今は妄想の世界です。

▼人を好きになる気持ちに年齢は関係ない

COLUMN

臼井流！無理なく「心身の健康」を保つコツ3

「自分だけのお楽しみタイム」を用意する

年をとるほどに1日が、1週間が、1カ月が、1年が過ぎるのが速い。そう感じる方が多いのではないでしょうか。私の実感値でいえば、50代に入ると、30代の2倍速で時間が進むイメージでした。

この感覚は、「最期の時」を心身が意識して、「充実した時間を過ごしなさい」と教えてくれている。ストレスなんて吹き飛ばし、他人の目を意識せず「やりたいことをやりなさい」と示唆してくれている——と解釈しています。

仕事のミスや人間関係の失敗を思い出しては、「こうすればよかった」と悔いる人もいますが、「過去と人は変えられない」ものです。

「どうにもならないこと」や「過去」にとらわれて生きることはありません。ストレスをため込んで、自分で自分を苦しい方向に追い詰めるのは本当にもったいない。

どうしようもないことに思いを馳せるのは「時間の無駄遣い」と割り切りましょう。

「いや、臼井さんの話はよくわかるけれど、そう簡単に割り切れたら苦労しないよ」

もちろん、そんな風に思う方がいるのはもっともですし、私も若い頃は過去を悔いて、〝ストレスのかたまり〟状態でした。

そんなときはどうしていたか。

まず、「日光浴」をします。日光浴をすると「幸せホルモン」としておなじみのセロトニンが分泌され、気持ちが安定する効果があるそうです。

さらに、「映画鑑賞」や「読書」で泣いたり笑ったりして、感情を表に出す、ジョギングやウオーキングで頭を空っぽにすることも心がけていました。ゆっくりお風呂に浸かったり、カラオケで思い切り歌うのもストレス解消法になります。

ポイントは、ストレス解消と考えるのでなく、「自分だけのお楽しみタイム」と考えること。こう捉えることで、より心身の健康が保たれるように感じます。

第4章

時は有限！ 10年後を見据えた仕事術

1

「10年後」を見据えて、準備を始める

この章では「10年後を見据えた仕事」の考え方や、10年後に「やりたいことを全部やる！」生き方をしているための時間の使い方を、「仕事術」としてお伝えしていきます。

一般的な「仕事術」でありがちな、「こうすれば今の仕事の生産性が上がる」というコツや小ワザではありません。

10年後から「逆算」して、「今」何をすればいいか、どう時間を使えばいいかという具体的な提案です。

今すぐ転職する気持ちがない人は多いでしょう。「独立・開業するなんてあり得ない」と考えている人もいますよね。

もちろん10年後も変わらずあなたは「組織人」でいられるかもしれません。

でも、**ビジネスパーソンであれば、「そうでない未来」に備える重要性も本当はわかっている**のではないでしょうか。

今、何もアクションをしないで「組織人」として安穏としていては、10年後に後悔するのは必至です。

時は有限です。

転職サイトで知見をアップデートする、履歴書を書いてみることで「成長した自分」の棚卸しをする、信頼できる関係性を築いておく、夢を周囲に見える化する、新たなビジネスのテーマをイメージしてみる……**できることやすべきことはたくさんあります。**

55歳からの仕事術は、「今の仕事」ではなく、「10年後の仕事」を見据えたものであるべきなのです。次項からさっそく具体的なヒントをお話ししていきましょう。

▼後悔しないために「逆算」して仕事の設計をする

2　その気がなくても、「転職サイト」をチェックする

男性の平均給与のピークは55～59歳で41万３６００円。女性は50～54歳で27万７９００円。しかし60～64歳になると、男性は31万８１００円、女性が23万４４００円（厚生労働省「令和3年賃金構造基本統計調査」）。

男女とも「55歳」頃が収入のピークで、以降、減額になるのです。60～64歳でも「まだ意外と稼げている」と思う方もいるでしょうが、先細り感は否めません。

「終身雇用だから安心」「自分たちの世代までは『逃げ切れる』」と気楽に構えていると、「会社のためにずっと懸命に働いてきたのに」と後悔する事態にもなりかねません。

50代になってから新たな道を切り開き、高収入を得る人がいることも踏まえて、**これからの働き方をここで考え直していきましょう。**

たとえば、役職定年をきっかけに、これまでの経験を活かしつつ違う分野の仕事に

就きたいと、外車ディーラーからレンタカー業に転職した人。

早期退職後、元同期が中心となり、無農薬野菜の生産者を応援する農業法人を設立。地場野菜を使った商品開発や野菜定期便の通販、水耕栽培事業やカフェ経営と活動の幅を広げている人もいます。

最近は高年収で、ハイポジションな求人を扱う「転職エージェント」も増え、「ミドルの転職サイト」もいろいろありますから、サイトをチェックするなり、口コミを調べるなりして、まずは知識のアップデートをはかるのがいいでしょう。

大事なのは、「今の自分にそんなにいい仕事があるわけがない」「もう年だから収入が減っても仕方がない」「なんだかんだあっても、自分は『逃げ切れる』ので現状維持で十分」という発想からの脱却です。

「55歳からは第2の就職絶好機」ぐらいの気持ちで、ポジティブにチャレンジすることで見えてくるものが必ずあります。

▼「逃げ切れる」発想から脱却する

3

改めて「履歴書」を書いてみる

業務経験を重ねるごとに資格や免許が増えた。希望しない職種に就き落胆していたが予想外に適性があってその道を究めた。こうした方も多いでしょう。

履歴書はアップデートしているのが常です。

そこで今の自分に何ができるか、改めて履歴書を書いてみることをおすすめします。

35年ぶりに私も書いてみました（図4-1）。

変わらないのは学歴欄だけで、職歴の変遷や当時は取得していなかった国家資格や免許もありました。

「本人希望記入欄」には「これからやりたい仕事」を記入しましたが、自分と向き合ういい機会になりました。

転職で一番の難関が「書類選考の通過」といわれます。

50代以降であれば、**長いキャリアをいかに読みやすく簡潔にまとめられるかがポイント**となります。

前職での表彰歴は業務能力をはかる材料になりますが、あまり強調しすぎるのは禁物。プライドが高い人と受け止められたら損ですから、自己ＰＲにさり気なく記載する程度にとどめましょう。

そして写真は、採用を決める判断基準。口角を少し上げた自然な笑顔がベストです。私が経営者として中途採用の社員を決める際は、経歴よりも「親しみやすさ」や「清潔感」を抱く写真の方を書類選考し、面接へと進んでいただきました。

それは若手社員とうまくやっていけるか、頑固すぎないか、取引先やお客様に好印象を与えるかなどを、写真から推察していたからです。

今すぐに転職を考えていない人も、定年を待たずに独立して経営者になる人も、**成長した今の自分が持つスキルや仕事に対する情熱**をはかる意味で、履歴書を書き、履歴書用の写真を撮りましょう。

年	月	学歴・職歴
19××年	×月	有限会社□□□代表取締役就任
		講演・経営コンサルタント・不動産業務を行う
20××年	×月	株式会社△△△、有限会社□□□売却
20××年	×月	個人オフィスにして講演・経営コンサルタント業務
		不動産・地域活性化業務を行う
		現在に至る

年	月	免許・資格
19××年	3月	栄養士免許取得
20××年	8月	宅地建物取引主任者登録（宅建士）
20××年	10月	行政書士試験合格
19××年	3月	普通自動車第一種運転免許取得
20××年	4月	薬膳コーディネーター合格

自己PR

健康産業企業の経営者として150名を超える社員を育ててきました。また国家資格・認定資格の短期一発合格体験を活かした勉強法や時間術を書籍や講演を通じて170万部・3万人を超える方に伝授してきました。自分なりのノウハウを言語化して伝えるのは難しいことですが、やりがいを感じることができます。職域を問わず数多の方との交流を通じてよりコミュニケーション力が磨かれたと感じています。

通勤時間	扶養家族（配偶者を除く）	配偶者	配偶者の扶養義務
約　時間　分	人	有・無	有・無

本人希望記入欄（特に待遇・職種・勤務時間・その他について希望などがあれば記入）

生涯現役で社会に役立つ仕事術や55歳からの勉強術、人生後半に向けての働き方や老後不安が消えるシンプルライフなど実体験に基づく知恵を分かりやすく伝える書籍執筆・講演を行っていきたく思います。「孤独解消ビジネス」について知見を深め事業化も視野に入れております。

図4-1 「成長した自分」の履歴書を書いてみる（例）

履 歴 書　　20XX年3月1日現在

ふりがな	うすい ゆき	
氏 名	臼井由妃	男・女（女に丸）
生年月日	19XX年X月X日生（満X歳）	

ふりがな	電話 〇〇〇-〇〇〇〇-〇〇〇〇
現住所（〒XXX−XXXX） 静岡県熱海市〇〇〇　〇〇マンション〇〇〇	E-mail 〇〇〇@〇〇〇
ふりがな	電話 同上
連絡先（〒 − ） 同上	E-mail 同上

年	月	学歴・職歴
		学歴
19XX年	3月	東京都〇〇区立〇〇小学校卒業
19XX年	3月	東京都〇〇区立〇〇中学校卒業
19XX年	4月	東京都立〇〇高校入学
19XX年	3月	東京都立〇〇高校卒業
19XX年	4月	〇〇短期大学〇〇学部〇〇学科入学
19XX年	3月	〇〇短期大学〇〇学部〇〇学科卒業
		職歴
19XX年	4月	株式会社〇〇〇〇入社
		食品の製造販売、フランチャイズシステムによる
		フードサービス事業
		社員〇〇名　アルバイト〇〇名
		商品開発部に配属され新商品の開発業務に携わる
19XX年	X月	一身上の都合により退職
19XX年	X月〜	飲食業・学習塾・配送業等でアルバイト
19XX年	X月	株式会社△△△代表取締役就任

希望していた旅行会社の添乗員に転職した知人は、自己PR欄に「誰とでもすぐに打ち解ける能力は〇〇県一と自負している」と記載したそうです。

転職回数の多さが採用にマイナスにならないよう、自己PR欄に「転職回数の多さは好奇心の多さとご理解ください」と記し、未経験ながら映像クリエイターの職に就いた人もいるそうです。

もう一度履歴書を書くことはこれまでの人生を振り返ると共に、これからの人生を構築する要になります。

▼「履歴書作成」は自分と向き合う貴重な時間

4

「頼み事をされる人」になる

人生後半の仕事を左右するのは、実は会社や組織を離れた確かな人とのご縁です。

ここでいう「会社や組織を離れた確かな人」とは、**あなたの魅力や能力を理解して心から応援してくれる人**を意味します。

「○○社の○○部長」から降りても、変わらず仕事であなたと接してくれるのはそういう人たちなのです。

10年後のあなたの仕事の大事なパートナー、サポート役と言い換えてもいいかもしれません。

では、**そのご縁をつくるにはどうすればいいのか。**

ヒントは、「頼み事をされる人になる」ということです。

「頼み事をされる」は、あなたにとって今後とても大切なことです。

「自分の仕事が増えるから、頼まれ事は受けたくない」「時間がないから、頼まれ事には耳を傾けない」。こうした気持ちは声にしなくても態度に出るもの。

結果、「頼まれ事がない人生」→「相手に喜んでもらえる機会が減り、自分の喜びが減り、人としての成長が止まってしまう」ように思います。

「頼み事をされる人」になるのも、そこから確かな人間関係を築くことも、一朝一夕ではいきません。

今からの行動が大事です。

まずは、頼み事には耳を傾けるスタンスでいましょう。引き受けるかどうかを決めるのはそれからです。

先に、ある程度の年齢になると〝面倒〟を頼まれることが増えたと、私の体験をお話ししました。誰でもできるようなことを頼まれた場合は、話を聞く前に丁重にお断りしましたが、「私を見込んで」と思われる話は、忙しいときでもきちんと内容を聞いてからお返事することを心がけています。**私を見込んでくれた方には、全部でなくとも、一部をお手伝いする形でも応えたい**からです。

そういう姿勢でいると、たとえ一部しかお手伝いできなくとも**「あなたに頼んでよかった」**と評価していただき、お客様を紹介いただいたり、継続的な仕事につながったりします。

頼み事をされることは、チャンスやご縁をいただく機会をつくります。

「10年後を見据え」、今日から頼み事をされる人になりましょう。

そのためには、まず相手の話に耳を傾ける姿勢と、少しでも自分が役に立つことはないかという視点を持つことです。

▼頼み事をされることは、チャンスやご縁をいただく機会につながる

5

「信頼関係の貯金」を積み重ねる

ある税理士は初対面のお客様に、

「私は数字を読むのは得意ですが、数字を使うのは苦手なんです」

とまず伝えるそうです。

〝税理士なのに、数字が苦手？〟と驚かせておいて、

「数字を使うのが苦手とは、お金を使うのが苦手ということ。要するに僕はケチなんです」

と笑わせます。そして、

「ケチとは倹約。お客様には相談料をお支払いいただいた以上のリターンをいたしますのでご安心ください。得意なのは、事業継承と相続です」

というように得意分野をＰＲします。

驚かせて笑わせてからのＰＲなので、お客様は心を開いてすんなりと相談を持ちかけるといいます。

信頼関係を築くのがうまい人は、この税理士のように**「自分はこんなことができます」と積極的に上手に自己開示**していることが多いです。そして、

「○日までに行います」

「遅くとも月末にはお届けします」

などと自分で約束したことは、責任を持って実行します。

信頼関係は日々の積み重ね。

関係性ができたとしても、小さなミスや不誠実で簡単に崩れることもあります。

「どんなときも有言実行」が何よりも重要です。

私の場合は「タイトなスケジュールでもこなします」と仕事の速さをアピールし、「ジャンルはフードからモードまで」とユーモアを交え著作分野が多岐にわたることを伝え、「締め切りは絶対に守ります」と念を押しています。

現役時代は小さなミスは属する会社や組織が、カバーしてくれる場合もあるでしょう。そういう意味では会社員は「組織に守られている存在」ですが、人生後半に向かっては「自分を守るのは自分」と考えるようにしたほうがいい。

10年後も継続的に仕事をいただくには、「自分ができることを人に話す」「できるといったことは、きちんとやる」「約束を守る」などをコツコツと積み重ねていくことです。

それは自分の時間を活かし相手の時間を大切にする、「人生後半の時間術」のあるべき姿です。

▼どんなときも有言実行

6

スケジュールに「遊び」をつくる

ここまでお伝えしてきた「『頼み事をされる人』になる」も「『信頼関係の貯金』を積み重ねる」も、目指すところは「相手の期待に応える」「信じるに足る人間とわかってもらう」ということです。**それが結果的に「10年後の仕事人生」に役立つ**からです。

そのためにもうひとつ重大なカギになるのが、「スケジュールの組み方」。詳しくいえば「スケジュールに『遊び（空白）』をつくる」ということです。

具体的には、予定の前後に「空白」の時間をつくったり、予備日をスケジュールに組み込んだりして時間の段取りを決めていきます。

「仕事を早く終わらせる」という意気込みで取り組むことは大切ですが、**予定を詰め込みすぎて締め切りをオーバーしては、本末転倒**です。

そもそも相手がある仕事の場合に、「〝頑張れば〟予定時間より早く終わらせることができる」という発想は禁物。楽観的に考えて、結果として締め切りを守れなかったらその後の仕事や人間関係に悪影響しか与えません。

「スケジュールに遊び」をつくる際には、仕事とプライベートの予定をひとつにまとめて書くことが大きなポイントです。これは、パソコンやスマホといったデジタル管理でも手帳のアナログ管理でも同様です。

ひとつにしないと、それぞれの日程を確認する時間と労力のムダが生じたり、スケジュールが決まっているのに見逃し、予定を入れダブルブッキングしてしまうおそれもあります。

私は、リアルの面談や商談などの前後は移動時間以外に少なくとも1時間、オンライン会議などの前後には30分の「遊び（空白）の時間」を設けています。

それを「予定を入れない予定」としてスケジュールに書き込んでいるのです。

そうすれば電車が遅延したり、前のスケジュールが押しても、焦らず仕事に取り組

図4-2 「遊び(空白)の時間」を設けたスケジュールの例

3月2日(木)	
3時	起床
3時〜5時	宅建士、行政書士に関わる勉強(知識のアップデート)をする
5時〜7時	ジョギング・ストレッチ・スクワット・座禅・温泉
7時〜11時	お手製グリーンスムージーを飲んでから執筆
11時〜12時	お家でひとりカラオケ
12時〜12時30分	ランチの準備
12時30分〜13時	**遊び(空白)の時間**
13時〜14時	○○社:Zoom会議(新刊企画)
14時〜14時30分	**遊び(空白)の時間**
14時30分〜15時30分	ランチタイム(自宅)
16時〜17時	執筆
17時30分〜18時	温泉
18時〜20時	**遊び(空白)の時間(ほぼ毎日)**
20時	就寝

基本、執筆は午前中に集中して行い、
午後は1時間程で正味5時間。
17時以降は仕事はしない方針(例外もあり)。
ちなみに「夕食」の時間がないのは
「夕食」をいただく習慣がないから。
私は朝(グリーンスムージー)、
ランチの1日2食派。夕食はなしです。
それが私の身体にはぴったりの「健康法」です。

めます。さらに、「遊びの時間」に書店に足を運んでベストセラーの傾向やキャッチコピーを学んだり、量販店に立ち寄って最近の流行を知ったり、お世話になっている方に一筆箋を書いたり、読書をしたりできます。

「スケジュールに遊びをつくる」というと、「サボるようでしっくりこない」という方もいるでしょう。

でも、そうではありません。

仕事を遅れなく遂行するためだけでなく、プライベートを充実させるためにも「スケジュールに遊びをつくる」ことは欠かせません。

若いときは仕事を覚えるため、その質を高めるためにも、「量をこなす」ことは必要です。一方、遅くとも50代近くになったら、そうしたスタンスを見直しましょう。

ぎゅうぎゅう詰めのスケジュールでは、時間に追われ仕事に追われ「やりたいこと」が埋もれてしまいます。

信頼を損ない、「10年後を見据えた」今の行動としても最悪です。

そんな事態にならないためにも、「予定を入れない予定」、遊びの時間を、スケジュールに組み込みましょう。

さらに、**「遊びの時間」には、偶然のチャンスをつかみやすくなるというメリット**もあります。ある方と商談したときに突然、

「この後に○○さんとアポイントがあるんだ。めったに会えない人だから、臼井さん、時間があれば一緒に会わない？　紹介するよ」

と話を振られたことがありました。私にとってはその時間は「遊びの時間」ですから、会いたいと思う方であれば迷う余地などありません。

こうした「遊びの時間」から生まれた出会いが、その後ビジネスにつながった経験も多くあります。

それは「人生の在庫時間」を充実したものにする知恵であり、行動術です。

▼スケジュールに「予定を入れない予定」を組み込もう

7

「夢のある人」に「夢」を話す

「定年後は○○の仕事に就きたい」「スキルを高めて○○の専門家になる」

すでにこうした夢があるなら、人に話してみましょう。

相手が、あなたの夢を叶えてくれる可能性があるからです。

周囲が支えや助けになってくれることは珍しい話ではありません。

「どうしても取得したい資格がある」と知人に話したら、相手はその資格を有していて、最短最速で合格する術を伝授してくれた。

「移動カレー店を出したい」とツイッターに投稿し続けていたら、不要になったキッチンカーを譲ってくれる人が現れ、夢を叶えることができた。

「小説を出したい」と飲み会の席で隣に座った人につぶやいたら、同じ夢を持つ人で、公募小説の情報や出版社に売り込んだときの体験談を教えてくれた。

実現可能性の高い夢から、野望ともいえる大きな夢まで、人が力を貸してくれる可能性は十分あるのです。

恥ずかしかったり意地があったりで、夢を誰にも話さないでいた結果、**「もっと早く教えてくれたらいい人を紹介できたのに」**などといわれるのは、もったいないです。

夢は「抱く」のではなく、人にわかるように「見える化」しましょう。

夢を語る相手は、あなたの夢を応援してくれそうな人。その人も夢を持っている、夢への理解ができる人に限ります。そういう人には、夢や目標はどんどん話しましょう。実現の可能性は大きくなります。

ただし、**「うまい話には裏がある」こともお忘れなく。**

「無償提供」という話に乗ったら、翌月からレンタル料を請求された。紹介料や手数料を求められたという話もありますから、相手の〝素性〟はしっかり見極めることが肝心です。

▼夢は「抱く」のではなく、人にわかるように「見える化」する

8 「ささやかな副業」を始める

ここからは少し具体的な「10年後を見据えた」仕事の話をしていきましょう。副業や開業のヒントなどです。

40代後半になると、昇給や手当で収入が増える可能性が低くなります。

会社員の方は副業規程を確認した上でとなりますが、「定年後の生活の基盤づくりのために新たな収入源」を求める、**稼ぐ力を身につけるのが望ましい時期です。**

副業を続けていけば、大きな額になります。

仮に50歳から60歳の定年まで10年間、毎月5万円の副業収入を得た場合、600万円。これを貯蓄にあてれば、定年後の生活に安心感が高まります。

そうはいっても副業のあてがないという方は、「自分への投資」をして「稼ぐ力」

をつけましょう。

その近道が資格の取得。

前章でもお話ししましたが「3カ月集中して勉強すれば取れる資格を目指すのがベスト」です。

その上でこれまでのキャリアを活かせる資格を選ぶと効率よく取得でき、稼ぎにつながりやすいでしょう。

たとえば、営業職で外回りの経験が豊富でお客様との会話が得意な人には「宅建士」をおすすめします。

「宅建士」とは「不動産取引に際して重要な説明を行う専門的な知識を有する人」で、この資格があれば主に不動産取引の場で活躍できます。

物件の案内や説明は若い人よりも落ち着いた世代の人にしてもらうほうが安心するというお客様も多く、**週末副業で月5万円得ることも十分可能**といわれています。

事務職の経験者には「簿記３級」も味方になります。基礎的なレベルなので大したことがない資格ではと考える向きもありますが、私にいわせれば大きな誤解です。

商業簿記を身につけていれば、経理関連の書類の処理などに力を発揮できるでしょう。経理担当者を雇う余裕がない小規模商店や家族経営のお店などで、必要な時期だけアルバイト的に働くスタイルで月５万円稼ぐこともできます。

また、**本業に関連する仕事を副業として始める**のも策です。

知人の本業は、ウェブ系プログラマーですが、リモートワークが主体。

仕事のスケジュールは比較的自由になることもあり、平日17時以降と土曜日を副業に携わる時間と決め、ユーチューブやＴｉｋＴｏｋなどの動画投稿、ＳＮＳでのテロップ入れなどの編集や歌手のプロモーションビデオの撮影・編集などを行っています。

動画編集にはハイスペックのパソコンと編集ソフトが必要ですが、もともと趣味で

「動画編集のやり方」をユーチューブに投稿していたこともあり、それらは準備済み。新たに購入したのは、高性能のビデオカメラとプロ仕様のパネルライトだけです。副業歴は10年となりますが、年々需要が増え、本業に迫る収入をあげているそうです。

尊敬の念を込めて「すごいね」というと、

「『お金の源泉は3本以上持つべき』と臼井さんが教えてくれたよね。あと1本は講師業にするんだ」

と返されました。

この調子で定年後も好きなことを楽しみながら収入を得る。充実感と安心感に満ちた働き方を続けていくでしょう。

▼「ささやかな副業」が「大きく稼ぐ本業」になる可能性もある

9 「副業で稼ぐお金」は3段階で考える

お金の話をもう少し続けましょう。ある勉強会でこんな質問をいただきました。

「副業での目標額を教えてください。55歳からの現実的アドバイスをお願いします」

この方に私は、「第1段階から第3段階に分けて考えましょう」とお答えしました。

・第1段階

ビジネスパーソンで「本業」のある方は、まずは「3万円~5万円」を目標とします。自分の力がどこまで通用するかチャレンジの構えで始めてみるのもいいでしょう。

・第2段階

第2段階の目標額は「5万円~10万円」。副業で10万円稼げたら、定年後の生活への安心感はもちろん、自分の実力への大きな自信につながりますよね。副業を本業としたい場合、その仕事の社会的ニーズや、自分自身の適性をはかる意味でここまでは最低でも確保したいところです。

・第3段階

第3段階の目標は**「10万円～30万円」**です。右肩上がりに30万円に到達した、30万円以上の状態が2年以上キープできた、お客様からの紹介が続々と増えている、メディアで紹介されるようになった、市場に先細り感がないと肌で感じたなど、総合的な判断のもと、ここで独立・開業や転職も可能でしょう。

どの段階においても、際限なく時間をかけて稼ぐ、単価が安い仕事も引き受けるのではなく、**自分なりのルール**を決めましょう。たとえば**第1段階なら1件あたり最低5000円、第2段階なら1万円、第3段階なら3万円**というように。1日の仕事時間は「60歳で5時間、70歳で3時間」「土日祝日は休む」も目安にしてくださいね。

もちろん、お金の話は一概にはいえません。それぞれの立場、状況、選ぶ仕事によって異なるもので、あくまで目安ではありますが参考にしていただければと思います。

▼まずは「月に3万円」を達成する

10 「今の仕事を活かして」独立・開業をイメージする

企業に勤めながら資格を取得している方も多いでしょう。

仕事に必要な資格やスキルをすでに備えているのであれば、今後「独立・開業」に挑戦するハードルは低くなります。税理士や行政書士、社労士といった資格を取得している方は、それを活かし士業で独立・開業するのもひとつです。

もちろん、そのためには、信頼関係の構築を含めて、今から人脈を広げたり、中小企業の経営者と懇意になるなどの準備は必須です。それがあれば、独立・開業の際に顧問契約を結んで長期的に安定した収入も見込めます。

業種にもよりますが、いきなり店舗を構えるのではなく、シェアスペースを活用したり、出張専門で開業するのもいいでしょう。

ネイルサロンの店長を辞め独立・開業した知人は、ご年配の方のお宅に出向いて施術する「5歳は若々しく見える手指ケア」が大評判。先日お願いしたところ、予約できたのは3カ月後でした。

趣味の分野でも、高度なスキルをお持ちの方は、講師として独立・開業することもできるでしょう。たとえば、ギター講師、ピアノ講師、カラオケ講師、書道講師など。趣味に関する民間団体の資格を有していれば、生徒を集める際に役立ちます。

教室として場所の確保が必要な業種もありますが、近年はオンライン上でする講義も増えています。**オンラインでOKの分野であれば開業資金に不安がある方でも始めやすい**でしょう。

50歳を機にカメラ会社を退職した知人は、今はカラオケ大会の出張カメラマンとして、参加者のステージ写真やDVD制作に関わっています。全国から声がかかり、週末と祝日は1年先までスケジュールが埋まっている人気者です。いつ会っても笑顔なのは、「好きなことで楽しく働き、収入を得るのは最高」ということの証です。

▼楽しく働き、収入を得るのは至福である

11

「今の仕事とはギャップがある」独立・開業をイメージする

「独立・開業」は今の仕事を活かしたもの、すでに資格を有している業種に限りません。たとえ未経験のジャンルであっても、**過去の経験や関わってきた業界など、これから目指す仕事と少しでも共通点が見つけられたら、**「独立・開業」の可能性につながります。

改めて「履歴書」を書くなどして自分の経歴やスキルを棚卸ししてみて、何かマッチする部分がないか探してみましょう。

建築業界で現場監督として働いていた知人は、退職後に「古民家カフェ」を始めました。

屈強な体格の彼とカフェ経営はミスマッチに思えましたが、現場での疲れを癒やす

「おやつタイム」に、流行のケーキやクッキーを探しては仲間と楽しんでいたといいます。「〇〇さんのスイーツ情報は女子高生にも負けない」という話を耳にしたこともありました。

「古民家」を選んだのは、現役時代の経験から。

建物の解体、整地を行い、新築をするのが彼の仕事でした。「まだ使えるのに古いものを壊してきた」という思いから、古くてもよいものを継承する道を選んだといいます。**「古民家カフェ」につながるものが、彼の中にはずっとあったのです。**

退職前から、休日は物件探しとカフェメニューの勉強として料理教室に通うことに費し、準備を重ねていたと聞きます。まさに「将来を見据えた仕事術」ですね。

空気のよい地を見つけオープンした古民家カフェは、自分のペースで仕事をしたい本人の意向で、土日の11時から16時までの営業。ただし、地域で開催される朝市やマルシェには積極的に出店して、地元の人との交流を深めています。

開業して5年、「銘水で入れた珈琲」と「昔ながらのホットケーキ」は人気となり、週末には開店を待つ行列ができるまでになりました。

独立・開業で失敗するリスクは少ないとは決していえませんが、知恵を働かせ綿密に計画を立てて行動すれば、カタチになる。**収入も増え自分のペースで働ける自由も手に入ります。**

私が知る限り、独立・開業して成功している方は、現役時代の地位は忘れ新しい環境に飛び込む挑戦心と、現役時代に養ったビジネスセンスを活かしています。また、10年後を見据えてしっかりと助走期間をとっている方が多い印象です。仕事を心から楽しんでいる方ばかりです。

▼新しい環境に飛び込む挑戦心と、養ったビジネスセンスが武器になる

12

「年齢を武器にできる」仕事で勝負する

人生の機微を味わってきた年齢だからこそ成功する仕事があります。「コンサルタント業」と「仲人ビジネス」です。「10年後」はもちろん、今ぴったりの方もいるでしょう。

経営に近いポジションで仕事をしてきた方は、営業やマーケティング、人事、経理、財務、生産管理、在庫管理といった**経営の重要部分について経験と知識**を備えており、**特定の分野でのスキル、人脈**を持っていることが多いはずです。

それらが活かせるのが**「コンサルタント業」**です。

飲料メーカーで販売部長を務め50歳で退職し「販売コンサルタント」になった知人がいます。外車ディーラーで営業部長だった知人は「営業コンサルタント」に転身しました。長年、財務畑を歩んできて、「財務コンサルタント」として活躍している人、精密機械メーカーで製造管理の責任者として手腕をふるってきて、「製造管理コンサルタント」として起業した人の話も耳にしたことがあります。

これら「コンサルタント業」は、専門性が高いニッチな領域に特化したスキルを持つ人には特におすすめしたいものです。1時間の相談料として、まずは5000円から始めてみてはいかがでしょうか。

次に「仲人ビジネス」ですが、これは特別な資格や経験はいりません。「結婚を望む男女のサポートをしたい」「幸せなカップルを増やしたい」という想いがあり「相談に乗るのが好き」という方に向いています。

集客や運営の基礎、コンプライアンス研修等、開業ノウハウは、大手の結婚相談所が開催するセミナーで学ぶことができます。

まずは無料説明会等に参加して、実績やブランド力に嘘がないか確認することが大事です。自分が住むエリアのマーケット状況や、収支プランニング、業界の現状、加盟料や開業後のフォロー体制、先輩開業者の声などをしっかり把握しましょう。

なお、仲人ビジネスの場合、フランチャイズで開業されている方がほとんどで、私が知る限り、本部で料金設定がされています。ここも説明会で確認が必要です。

終業時間後と休日を活用して結婚相談所を始めた知人は、**本業と同等の収入になったのを機に退職。**今は奥様をスタッフとして雇用。年収は右肩上がりと聞きました。集客は紹介がほとんどで、現役時代の取引先や得意先のお子さんが適齢期を迎えることもあって、相談を持ちかけられることが多いそうです。

「コンサルタント業」や「仲人ビジネス」は、比較的初期投資が低く、**ローリスクで始められる**のがメリットです。それに年齢は大きな武器になります。

開業1年目だとしても、経験豊富で信頼できるイメージを与えますから、顧客に安心感を与えプラスに働きます。

▼「コンサルタント業」「仲人ビジネス」の道もある

13

「道楽ビジネス」を見つける

コレクターズショップや趣味の店など、「道楽」からビジネスへ転じて成功している例が多くあります。

心から楽しむことが、この「道楽ビジネス」の本質です。

私は宅建士取得後、不動産業界の方とお会いする機会が増え、本業とはまったく違う「不動産投資」や「不動産仲介」に関わることになりました。

当時はリゾート物件の値崩れが激しく、買い手市場。

バブル崩壊で現金化を急ぐ売り手は多くいて、そうした相談に乗っているうちに自然とビジネスになったのです。

お金を得ることもできましたが、それよりも「助かった」「頼んでよかった」とい

う声を聞くのが、本当にうれしいものでした。

そういう意味では「道楽ビジネス」だったといえるでしょう。

今は、「シャッター商店街の再生」や「地域活性化」などのお手伝いもしていますが、これは地域活性化に使命感を持って挑む若い方と出会い、その知恵や行動力に触れることが楽しくて学びになる。

私の経験やアイデアが彼らとマッチして新しい物事を創造できたときには、**お金だけではかれない「喜び」**になる。

これこそ「道楽ビジネスの神髄」だと捉えています。

趣味の歌でいえば、知人のライブや歌謡祭に招かれて歌唱することもあります。出演料をいただいていますが、舞台での高揚感や頂戴する拍手は、お金以上の喜びになっています。

音響機器会社を早期退職した知人は、「のんびり気楽に仕事がしたい」と自宅をサロンに改装。練習場所に困る音楽家やカラオケサークルの発表会、パーティ会場としてレンタルしています。

サロンの一角にはカフェブースを設け、不定期で美味しいカレーを提供しています。開業2年、「人と競争しない仕事は最高！」と語ります。

今後は新たなビジネスとして、サロンでも評判の「カレー」や食べ歩きと試作を重ねてきたラーメンを提供する「キッチンカー」も視野に入れ、準備中とのことです。

私自身、学んだことでもありますが、**楽しみの先に仕事があるというのが理想です。**

飲食やサービス業ならば、単価を上げてこだわりの素材を使う、あえてニッチな仕事を選ぶ、週末だけ働く、長時間労働をしないなど決めるといいでしょう。

このように、若い世代と張り合わず、自分自身が心から楽しめる「道楽ビジネス」をこれから10年の仕事の選択肢とするのもおすすめです。

▼若い世代と張り合わず、自分が心から楽しむのが「道楽ビジネス」

14 「複数の本業」を持つ

出版社の営業パーソンとして働きながら、「歌手」として活動する知人がいます。

プロ歌手認定も受けている実力派ですが、本業あっての歌手活動。

「理解ある会社に貢献する！」と平日は本業で実績をあげ、休日は歌手活動に勤しんでいます。

「やりたいことは遠慮せずやる！」という個人の姿勢と、「やるべきことをきちんとやる」というビジネスパーソンとしての本分を貫く、ある意味、理想の姿でしょう。

彼のような生き方は、誰しもできることではないかもしれません。

でも、**一度しかない人生を「やるべきこと＝本業」だけに費やすのはもったいない**と思います。

本業以外に「やりたいこと」が複数あったならば、もっとも実現可能性の高いことから始める。そこで自信をつけ、次の「やりたいこと」に進む。

そういうプロセスを経てどれも「本業」にしてもいいのではないでしょうか。

そのための「これから10年を見据えた仕事術」の実践です。

輸入雑貨のバイヤーだった知人は、定年後に倉庫管理業務を行うグループ企業に雇用されました。

残業や出張があった以前の業務とは違い、勤務時間は「9時～17時」で週休3日。空いた時間を有効に使おうと、セミナー講師派遣会社に登録。「輸出入ビジネスの始め方」や「ネットで始める雑貨店」等をテーマに講師業を行っています。

「得意な交渉術を披露する場ができた」「空いた時間に収入を得られる」と、今は楽しくて仕方がない様子です。

▼本業と副業という考え方を見直してもいい

15

「孤独解消」を次の仕事のテーマにする

これから10年後を見据えた仕事のテーマとしては、「孤独解消」がひとつありそうです。

最近、あるサイトの記事を目にしました。

「孤独感というのは、実際に一人でいるかどうかは関係なく、独りぼっちだと感じている状態のことを指します。

ですので、実際に周りに友人や家族などの人がいたとしても、孤独感に襲われることはあります」

「他人とコミュニケーションをとるのが苦手な人は、友達に悩みを相談したり、恋人に本音でぶつかったりできず、相手との壁や隔たりを感じて、孤独感を抱きやすくなります。

また、強烈な孤独感に襲われ、助けてほしいときにも他人に素直な気持ちを伝えられず、一人で思い悩むことが多くなります」（「うららか相談室」２０２２年10月17日）

うなずく方も多いのではないでしょうか。

私自身でいえば、夫を亡くして18年。そのうち14年間を愛犬の「亜美」が私を見守り、時に励まし、暮らしにハリを与えてくれました。その〝娘〟が召されたとき、**これまで味わったことのない「虚無感」と「孤独感」**に襲われました。

ペットロスというにはあまりにも大きな喪失感。**自分の手足をもがれたような痛みです。**

こんなとき、気分を紛らわすだけでは、根本的な孤独感を解決することになりません。そこで求められるのが、「孤独解消ビジネス」だと考えました。

たとえば表情をイキイキさせる「笑顔」や「目の体操」。
溌剌としたスタイルをつくるファッション・アドバイスやカラー診断。
プライバシーに必要以上に踏み込まない範囲での「話し相手」や「カフェ友」など。
これらを、「仕事」として個人に提供するビジネスが、これからは必要ではないでしょうか。

リアルで会わなくても、Ｚｏｏｍやチャットを使って世間話をするだけでも孤独感は和らぐはず。デジタルツールが苦手な人には、「お散歩」や「買い物」のお供をするビジネスがあってもいいでしょう。

中高年を対象と考えた場合、同世代だからわかり合えることも多いですから、「ビジネス」として取り組むのは面白いと思います。

ただしボランティアではありませんから、**顧客を満足させるスキルや話術が必要です**。さらに、関係各所の認可が必要な場合もあります。

▼これからの時代、「孤独解消ビジネス」は狙い目

16
「お金を増やすこと」だけを目的にしない

お金に対する価値観や求める生活の質は、人それぞれです。金額だけに惑わされず、人生のゴールから逆算して、自分はどう暮らしていきたいかを考えましょう。

シングルかそうでないか、資産があるかないかにかかわらず、漠然とした不安は誰でも持っているでしょう。

お金への不安があることは仕方がないですが、その気持ちをコントロールしながら上手に暮らしていくことはできます。

大切なのは、無理して走り続けるストレスのたまる働き方ではなく、自分のペースで無理なく働くこと。それは**心身の健康にもつながります。**

退職時にたとえ何千万円も持っていたとしても、運用に失敗して失くしてしまえば、元も子もありません。

資産運用を否定するものではありませんが、私自身、運用の勉強をして思うのは、常に相場をチェックしなければいけない生活はストレスになる、いくら勉強してもうまくいくかどうかは不確実ということです。

短期で利益を出そうと貯金の大半を、ハイリスクな金融商品に費やし失敗。リカバリーができず、住み慣れた家を手放した人が「何が何でも現金を増やすことを考えたのが悪かった」と語っているのを情報番組で目にしたことがあります。

退職後の生活を考え、すすめられるままにローンを組んで「ワンルームマンション」を建設。完成1年を待たずに返済に窮し最悪の結末を迎えた人もいます。

「あのときもっと強く止めていたら……」。後悔は尽きません。

お金が欲しいという欲は私にだってあります。

しかし欲が高じ「お金を増やすこと」が人生の目的になってしまうと、「定年後の生活のため」や「家族のため」に資産運用を始めたはずなのに、いつの間にかそれらを犠牲にしてすべてを捧げてしまいかねません。

不安定な運用に委ねるよりも安定して働ける場を見つけ、長く働ける健康な体を維持する。

お金の欲にとらわれず自分の好きなことで収入を得る。
今あるお金は大切に使いながら人生を送る。

そんな「清らかな生き方」が、人生後半にはふさわしいと思います。

▼安定して働ける場を見つけ、長く働ける健康な体を維持する

17

「定年後再雇用」期間こそ「次の10年」を見据える

ここまで副業や独立・開業などを中心に「10年後を見据えた」仕事の話をしてきましたが、もちろん、定年後の再雇用制度を利用して、これまで勤めてきた会社で働き続けることを選択する方も多いでしょう。

よくいわれることですが、「定年後再雇用」の場合、新入社員になったつもりで**ゼロからスタートする気持ちを忘れず、後輩を立てサポート**していく姿勢を持ちましょう。

仕事に必要とされる知識や情報、スキルは刻々と変化しています。それを若い人から学び、アップデート。自分の専門性も深めていくといいでしょう。

再雇用中は責任あるポジションから退き、時間にゆとりができる場合が多いですから、その間にスキルを磨き上げたり、新たな人脈を構築したり、再雇用後の「次の10年」の準備をしておくことも必要です。

「定年後再雇用」された知人は、再就職や独立の道を探りながら67歳で退職。「会社でやるべきことはやり切った。これからは自分がやりたいことをやる」といって、古物商許可証を取得して、趣味の延長ともいえる「骨董品鑑定士」になりました。

最後に、注意点をお伝えします。定年後再雇用に関しては企業の「努力義務」で、継続して働けるという保証はありません。65歳以降の雇用状況を見ると、希望すれば全員が働き続けられる企業は21・8%、希望者のうち基準に該当した者のみ働くことができる企業は58%、働くことができない企業は17・3%です（独立行政法人 労働政策研究・研修機構「高年齢者の雇用に関する調査」〈２０２０年〉）。

この点は注意して、「これから」を見据えていただければと思います。

▼「自分らしく誇れる働き方」をする

働き方に正解はありません。どう選択してもそれはあなたらしい誇れる働き方です。

COLUMN

臼井流！無理なく「心身の健康」を保つコツ4

眠る前の「自問」を習慣にする

眠りにつく前の「自問（自分自身への問いかけ）」を、私は、著書や講演会などでおすすめしています。心身の安定によい効果をもたらすと考えるからです。

そのための準備は簡単。パジャマなどに着替え、ソファに腰掛けたりベッドに入ったりと落ち着く姿勢をとります。部屋の明かりは暗めがいいでしょう。

準備ができたら、こう自分に問いかけてみます。

「今日、楽しく過ごせましたか？」

もし「何も楽しいことがなかった」という答えが返ってきたら、再度、優しく自問してみます。

「本当になかったですか？」

すると、「久しぶりに会った取引先と話がはずんだ」「スケジュール通りに予定が消化できて安心した」「約束に少し遅刻してしまったけれど、相手が笑って許してくれた」というように、何気ない一日の中に思わず笑みがこぼれた瞬間、「よかった」「安心した」と思えた時間が見つかるに違いありません。

満足できるキャッチコピーが浮かんだ。ランチに食べた焼き肉が絶品だった……思い出そうとしなければ、永遠に埋もれてしまう「楽しいこと」は、意外にたくさんあるのです。

これを見つけ出すことに「自問」の意味があります。

楽しいことを思い浮かべると、心がゆったりとしてきます。

そうやって心身がリラックスするのを感じたら、思案を巡らせることをやめ、眠りにつきましょう。

まずは3日続けてみてください。

穏やかに入眠でき、熟眠。寝起きも清々しくなっていることに気づくはずです。

第5章

自分時間を大切に！家族関係のリスクマネジメント術

1　パートナーと生活設計を話し合う

人生後半を充実したものにするには、パートナーとの円満な生活が必須です。

子育てや家事をパートナー任せにしてきた仕事一筋の方も、改めてパートナーに感謝の気持ちを伝えましょう。

「これまで支えてくれてありがとう」

「家族のために働いてくれてありがとう」

「あなたのおかげで、安心して暮らせる」

そんな言葉が、どれほどうれしく心にしみるものでしょうか。

「パートナーにどのような感謝の気持ちを抱いているのか？」という問いにもっとも多かった答えは「一緒にいてくれること」で、性別を問わず3割～4割を占めたという調査結果があります（50歳～79歳の男女１０３０名を対象に、２０２０年10月30日～11月９日に実施した野村證券インターネット調査）。

「一緒に暮らす」というごく当たり前に思えることに感謝を抱いている人が多いのです。傍らにパートナーがいる安心感は何物にも代えられない幸せなのですね。

健康問題や介護、相続など、今後の不安は尽きないかもしれませんが、感謝の言葉を伝えながら、**現状に即した人生後半のご夫婦の生活設計**を話し合ってみましょう。

「今さら生活設計なんて」と乗り気でない方がいらっしゃるかもしれません。

突然の提案に面食らうパートナーもいるでしょう。

でも、パートナーを労いこれからはできる限り家事を分担する。相手を敬う気持ちをきちんと表現すれば、パートナーも少しずつ話し合いに応じてくれるはずです。

「定年退職後は豪華客船で世界一周旅行をして、妻孝行をする」と語っていた知人は、相談しないで旅行を決めたところ、「そんなことに大金をつぎ込むなんて！」と奥様に一喝されたそうです。

「草津か有馬の温泉旅館に一泊すれば十分。退職金は将来に向けてきちんと使い方を話し合って決めましょう」。そう諭されたといいます。

このように、「パートナーはこう思っているに違いない」「口にしなくともわかっている」と考える人が本当に多いのです。

家事や子育てはずっと妻任せで「苦労をかけて申し訳ない」「家庭を守ってくれてありがとう」のひと言もなく、誕生日や結婚記念日は結婚2年目から完全スルーしていた知人は、定年退職した日に奥様から「離婚届」を突きつけられました。

「感謝ができない人とは暮らせません。もう限界です。娘も離婚に賛成していますから」と。

奥様は離婚に向けてお嬢さんに相談をし、当面の暮らしに困らないようお金をためて住まいの準備まで進めていたのです。

これは他人事ではありません。同様の問題を抱えている人は、そこかしこにいます。

そうならないためにも、やはり今後の生活設計について今からパートナーと話し合っておくことが必須です。

健康自慢の人も、「大丈夫、何とかなるさ」と楽観的な人も、「ボケない」「病気にならない」「預貯金がなくなることはない」なんて保証はないのです。「寝たきりになる」「老老介護になる」「年金が減額になる」という**よくない未来も想定して、夫婦で大いに議論**しましょう。

話し合う中で、お互いに思いやりや愛情を確認することにもなります。

▼人生後半は夫婦の「話し合い」がカギ

2

親や子どもは「遠くに暮らす知人」と割り切る

「親の面倒を見るのは子の責任」のような風潮がありますが、私はそれに疑問を覚えています。そう考えるに至ったきっかけは、離れて暮らす父の死に遡ります。

両親はそれまで埼玉県加須《かぞ》市にずっと夫婦ふたりで暮らしていました。父が亡くなったとき母は81歳。ひとりっ子の私は、気性の激しい母と若い頃から折り合いが悪く、それまでずっと距離を置いていました。

しかし、「高齢になった母親をひとりにするのは親不孝」という気持ちに支配されて、私が暮らす静岡県熱海市に移住させることにしました。

母や周囲から何かいわれたわけではありません。

そもそも母は住み慣れた家で、そのままひとり暮らしすることを望んでいたのです。

今から思えば、**57歳になった私が「親孝行の真似事」**をしたくなったのかもしれません。

母を引き取るに際しては、同じマンションの別の階の部屋を購入しました。

このスタイルならば必要以上に顔を合わせることはない。高血圧の症状があった母に何かあれば、すぐ対応もできる。母の「自立した生活」を保ったまま、つかず離れずの親子関係が実現できる。

そんな私のもくろみは、もろくも崩れました。

車の運転が好きで活動的だった母が、熱海に越してからは子どもに頼ることのラクさを覚え、運転はおろか運動や外に出ることもしません。

掃除や洗濯はたまにするけれど、料理はスーパーのお惣菜やデリバリー続き。見ていられなくて、私はおかずを差し入れするようになりました。

マンションには設備された温泉もあります。その温泉に母が入浴する時間を見計らい、私も入浴。体調を確認するようにもしました。

しかし、移住して3カ月後、母は脳梗塞で倒れ左半身不随となりました。寝返りも食事もひとりではできませんから、施設でお世話になるように。その状態は今も続いています。

気合で生きている間は人間は元気なのに、「親孝行の真似事」が母の心身を弱らせてしまったのではないか。そんな後悔で胸が苦しくなることもあります。毎月生じる施設利用費を負担に感じることもあります。

親や子どもは「遠くに暮らす知人」程度の気持ちで距離を置き、あてにしないのが互いのため。母との体験を通じて、今はそう考えています。

私の体験は、「子ども側」の視点で、「親側」に立てば「やはり老後は子どもと暮らしたい。せっかく育てた子どもを頼りにしたい」と考える方もいるでしょう。それはごく当たり前の気持ちだと思います。

もし将来的に同居をするならば「家賃」や「食費」などある程度の費用を毎月、必要経費として子どもに渡すというのもひとつの策です。

「子どもが大家で親は店子」というスタイルを持てば、子どもの家計を圧迫することなく、親は自分の立場を主張することもできます。

子どもの近くで暮らすならば、**お互いに「連絡がないのは元気な証」**と割り切って、必要以上に電話やＬＩＮＥで連絡をしない。

早い人はお孫さんもいらっしゃると思いますが、「世話をするのは当たり前」とか、「週末は皆、揃って食卓を囲むべき」なんて構えずに、たまたま近所によく知る人がいるというぐらいの発想でいれば、過度の甘えや期待をすることなく、お互いを尊重する暮らしができると思います。

▼親も子どもも互いを尊重する暮らしが望ましい

3　老親と同居の場合は「世帯分離」も考える

母が倒れてすぐに、私は、母親が住んでいた部屋を処分しました。

「時間がかかってもいつか回復する」と信じ、将来的には私の部屋で同居しようと考えたのです。この時点でもまだ「回復後は自宅で介護をする」なんて格好をつけていました。

しかし、回復の兆しは見えず、毎月12万円ほどの施設への支払いが家計を圧迫します。3年間は支払い続けましたが、いつ私自身が介護を受ける身になるかもしれないのです。

そこで、ケアマネジャーからの助言もあり、「世帯分離」の手続きをとることにしました。

世帯分離とは、**ひとつ屋根の下に暮らしている家族が、住民票を分けて別世帯に分離**することです。

住所地の自治体の窓口に申請、世帯分離後、所定の手続きをして「介護保険負担限度額認定証」の交付を受け毎月の負担は軽減しました。

結果的に母の場合、**介護費用は月額7万円ほどとなり、当初との差額は5万円**にもなりました。

世帯分離を行う本来の目的は「所得が少ない親の住民税の軽減」。

現役世代の子とリタイア後の親が一緒に暮らしている場合、世帯分離をすることで親世代の世帯年収が下がり「住民税非課税世帯」となるケースがあるそうです。

住民税非課税になると「国民健康保険料の減免」や「高額医療費の自己負担額の上限が下がる」などの経済的恩恵が受けられて、将来にわたって介護費用の軽減につながるとうかがいました。

ただし収入や親の資産によってケース・バイ・ケースのため、実践を考える方は**ケ**

アマネジャーや税理士など専門家への相談をおすすめします。

なお、これも私の場合ですが、役所で手続きをする際、世帯分離の理由を問われることはありませんでした。ただ、ケアマネジャーからは事前に、理由を尋ねられたら「生計を別々にすることになった」と伝えるようにとうかがっていました。

お金の不安が軽減したことで、気持ちがずいぶんとラクになりました。

私にとって肉親は母だけですから、できる限りのことはしてあげたい。「父の分まで長生きしてほしい」と心から思っています。

▼人生後半の暮らしを安定させるには法知識も必要

4

親の介護に「世間体や正義感」を求めない

介護には肉体的・精神的・経済的負担が伴うものです。

「介護疲れ」から自分の生活すら成り立たなくなってしまう「介護うつ」が起きてしまうこともあります。

介護において、家族間での協力や地域の助けは不可欠です。

しかし家族での介護は、「周囲から孤立しやすい傾向がある」といわれ、最悪は「介護放棄」につながることもあると聞きます。

私自身、親の介護が現実になったのは、２０１５年11月。

脳梗塞で左半身付随になった母が機能回復のための「施設」に入所するか、「在宅」でケアを受けるかを迫られたときでした。

入院先から紹介されたケアマネジャーからは「お母様は在宅を希望されていると思

いますよ」といわれました。

まともに会話ができない母が、そんな希望を伝えるわけはありません。

執筆という在宅で仕事ができる環境ではありますが、寝返りも排泄も食事もひとりでできない要介護5の母を、訪問介護を利用したところで、在宅で面倒を見ることなどできるはずもありません。

家族は私ひとり、身内もいない。それは母も承知しているのに、なぜそんな言葉が出るのだろう。

疑問を感じつつも、「施設のお世話になりたいと即答したら、親不孝な娘と思われるのではないか？」「在宅介護をしないのは、世間的にはおかしいのだろうか？」とさまざまな思いが巡りました。

そして考えに考えた末、ケアマネジャーにこう伝えたのです。

「物理的に無理ですし、介護のプロの方にお任せしたほうが母も安心します」

私は介護施設の利用を選択しましたが、「女手ひとつで育ててくれた母親の介護は自分の務め」と思い、この3年ひとりで在宅介護をしている翻訳家の友人もいます。

やつれてきて、腰痛もひどいようで、ストレスが蓄積しているのがわかります。
「家族が介護をするのは当然」という世間の風潮から、介護を頑張ってもそれを認められず苦悩している人もいます。

親の介護に「世間体や正義感」は不要です。

あなたの人生の在庫時間や体力や気力、必要以上のお金を削られることはないのです。**無理をせず専門家に任せる選択を私はすすめます。**

もちろん「自分で面倒を見たい」と強く望む方の気持ちも否定はしません。**大事なのは「世間体や正義感に流されず、自分の意思を尊重して決めたかどうか」**です。

なお、公的施設は入居待機者が多く、容易に利用できる状態ではありませんが、要介護度が高い場合やひとり住まいなどの場合は優先して入居できるケースもあるようです。「絶対に無理だろう」と決めつけず、調べてみる価値はあると思います。

▼親の介護に人生の在庫時間を削られることはない

5 親が元気なうちに「思い」を聞いておく

母が倒れた後、荷物をどうするかの問題も生じました。

倒れたのが私所有のマンションでしたから、父の位牌と写真数枚だけを残し私の判断でマンションと家財道具を処分。預貯金や保険は母が「イエス・ノー」の意思表示がかろうじてできる段階で、整理しました。

今から思えば、この時点で「リハビリを頑張って意地でも家に戻る」というような会話ができたら、部屋や荷物をどうするかでもめたに違いありません。

このように、私はある程度、母の預貯金や大切にしているモノは把握していましたが、交友関係はまったく知りませんでした。

私の叔母がいるのは聞いていましたが、どこに住んでいるのか連絡する術もない状況です。

親が突然逝き、印鑑や通帳、車のキーの置き場所だけでなく、交友関係のいっさいがわからず、告別式の案内をするのに困ったという知り合いもいます。

　ですから、両親が元気なうちに、不動産や預貯金等の扱い、両親が残したいもの、引き継いでほしいもの、「実家」をどうするかなど話し合っておくことを強くおすすめします。よくいわれることですが、これは「モノの処分」や「相続問題」ということ以上に、「親の思い」や「親の生きてきた時間」の継承です。

「両親が亡くなったときのことを話し合うなんて縁起でもない」「両親はそういう話はしたがらない」と決めつけず、**前向きでポジティブな時間と考え、家族で話し合ってできることはやるという姿勢が大事**です。

　また、万が一に備え親を含めた「ＬＩＮＥ」の連絡網をつくっておくことも必要です。前述しましたが、最近は高齢者でもＬＩＮＥを使っている方が増えていますし、まだ始めていない親御さんであれば「練習する時間」を共有するのもいいでしょう。

▼「親の生きてきた時間」を継承する

6
「孫の世話問題」は前倒しで意識する

子どもはまだ結婚もしていない。孫の話なんて考えたこともない。そんな方も多いはずです。しかし、「孫の世話問題」は人生の在庫時間と密接に関わるテーマ。早めに意識しておくに越したことはありません。

出産後すぐ仕事復帰することになった娘に代わり、孫の面倒を見ることになった知人は、娘を育てた若い頃とは違い、ぐずる孫にミルクを飲ませたり、お風呂に入れたりするのは想像以上に重労働。心身共に疲れ果てているといいます。

「休日に友人と外出することもできないし、定年退職した夫と旅行や趣味を楽しむこともできない。それでも、娘に『孫の世話をしたくない』とはいえない」そうです。

近くに暮らす娘さんが忙しくなると、「明日うちに来て」と孫の世話を頼む電話が来る人もいます。

私には子どもがいませんから、想像するしかありませんが、「孫は目に入れても痛くないほど可愛い」というのは、ある意味、幻想かもしれません。

人生後半の貴重な時間を「孫の世話」に明け暮れるのは、なんとももったいない話です。

幼児教育コンサルタント・河村都さんによる造語に「孫ブルー」という言葉があるそうです。孫の世話疲れで鬱っぽくなる状況の人を指すものと読みました。

孫の世話には肉体的・精神的・経済的な負担が伴いがち。世話をするならば、

「小学校入学までは預かるけれど月に4回まで」

「半日以上はNG」

というように、**最初からタイムリミットを決めて、「自分のための体力づくり」と割り切って行う**のはいかがでしょうか。

シニアの暮らし研究所代表の岡本弘子さんは次のように語っています。

「子どもにとって親はいくつになっても親で、〝自分を養ってくれた最盛期の親〟の印象があり、衰えを理解しにくい。だからこそ、祖父母は正直に『これ以上はできない』と伝えなければなりません」（「介護ポストセブン」２０２２年５月４日。元記事は「女性セブン」２０２２年５月５日号）

必死に子育てをしているわが子を助けてあげたくなるのが親心でしょうが、線引きをしなければ、「時間」「体力」「お金」とさまざまなものを失う可能性もあるということです。

▼孫よりも大切なのはあなたの人生の在庫時間

COLUMN

臼井流！無理なく「心身の健康」を保つコツ5

「老眼」と「頭髪事情」はあきらめない

65歳になりましたが、私は老眼とは無縁。パソコンでの執筆や読書も「老眼鏡」は不要です。これには、40代から続けてきた習慣が一役買っていると考えています。

季節問わず外出時は「サングラス」と「つばのある帽子」で紫外線から目を守り、パソコンでの執筆や書類作成時は、ブルーライトカットのメガネをかける。

作業を60分続けたら10分程度休み、窓から広がる景色を眺めたり、アイマスクや目薬でケアするなど、目の健康に気を配ってきました。

もちろん健康の問題は人それぞれですし、体質も人それぞれです。

その上で、「これまで目に気を配ってこなかった」「気がつけば目を酷使している」「老眼の兆候が出てきた」など思い当たることがある方は、よいと思ったことは取り入れていただければと思います。

老化現象だから仕方ないとあきらめず、コツコツ習慣がおすすめです。

もうひとつ、年齢を重ねると男女問わず、「白髪」や「薄毛」などの頭髪問題が気になるものです。

目と同様、ポイントは紫外線対策。頭皮や髪を紫外線から守ることです。

「肌の老化は年齢を重ねることでも進みますが、加齢による影響は2割程度。光老化の影響が8割を占める」とおっしゃる専門家もいるほどです（「日経Ｇｏｏｄａｙ30＋」「「肌の老化」8割は太陽光が原因　日焼け止め習慣を」）。

もちろん、髪についても体質はあります。ただ、日傘を差したり帽子を被ったり、頭皮を紫外線から守ることは今から始めても遅くはありません。

またよくいわれることですが、喫煙や睡眠不足、過度なストレス、不規則な食生活などを改める。そうすれば頭皮のダメージは最小限になっていくに違いありません。

「白髪や薄毛は受け入れるが、元気な髪はあきらめない」。この姿勢を大事にしたいものです。

Pick up!

「55歳から　やりたいことを全部やる！」を応援する10の言葉

1

私は55歳を機に仕事や人間関係、モノとのつき合い方などで「やめるべきこと」をリスト化しました。その中でも「絶対にやめるべき10のこと」を定め実践したら、1日3時間以上も自由な時間が生まれました。

2

「時は有限」。
他人の考えを優先させる「他人が主役」で生きる暇はありません。

3

人生後半の人間関係は、数を増やす必要はありません。
本当の「友だち」とのほどほどの距離感が心地よいものです。

4

無理なことは最初から引き受けない姿勢が、
結果的に相手の時間も自分の時間も大切にすることになります。

5 「もう50代だから」と夢の入り口に立つことをあきらめてはもったいない。「まだ50代だから時間はある」と先送りをすることももったいない。

6 55歳からの読書は、「知識吸収」から「生き方の投影」と軸足を変化させることを考えましょう。

7 もう一度履歴書を書くことはこれまでの人生を振り返ると共に、これからの人生を構築する要になります。

8 予定の前後に「空白」の時間をつくったり、予備日をスケジュールに組み込んだりして時間の段取りを決めていきます。

9 一度しかない人生を「やるべきこと＝本業」だけに費やすのはもったいないと思います。

10 思い出そうとしなければ、永遠に埋もれてしまう「楽しいこと」は、意外にたくさんあるのです。

本書は書き下ろしです。

日経ビジネス人文庫

55歳《さい》から やりたいことを全《ぜん》部《ぶ》やる! 時《じ》間《かん》術《じゅつ》

2023年6月1日 第1刷発行

著者
臼井由妃《うすい・ゆき》

発行者
國分正哉

発行
株式会社日経BP
日本経済新聞出版

発売
株式会社日経BPマーケティング
〒105-8308 東京都港区虎ノ門4-3-12

ブックデザイン
井上新八

本文DTP
ホリウチミホ（nixinc）

印刷・製本
中央精版印刷

Printed in Japan ISBN978-4-296-11711-6